未来 IT 図解

Illustrate the future of "IT"

これからの
キャッシュレス決済
ビジネス

山口耕平、澤井亮佑
（日本美食株式会社）／共著

エムディエヌコーポレーション

CASH
LESS

はじめに

　キャッシュレス業界はいま、さまざまなポイント還元や割引等のキャンペーン、ビッグプレイヤーの経営統合など、華やかな話題が多いように見えます。ですが実際には、シェアの獲得が最優先になっていることから、黒字化しているキャッシュレス事業者はあまり多くないのが現状です。では、国内で乱立するキャッシュレス各社が赤字になってでも獲得したシェアの先には何があるのでしょうか？

　海外のキャッシュレス先進国の事例を見てみると、キャッシュレス化により物理的な金銭の授受を省略することで、さまざまな新しいサービスが生まれました。支払いの履歴がデータとして活用しやすくなることから、ユニコーン企業と呼ばれる巨大なスタートアップ企業も続々と生まれています。

　消費者にとっても支払いは体験やモノがほしいために行うもので、支払いの行為自体を楽しむ人はいないでしょう。つまり、『決済』は本質的に手間がなくなるほど喜ばれるものです。キャッシュレス化により、手元に現金を用意しなくても手軽に購入できるというメリットは決して小さくありません。

　本書では、キャッシュレスの歴史的な成り立ちと現在の状況、そして海外の先進事例やビジネスのヒントなどを詳しく紹介しています。いま日本では、グローバル化や国際競争力の向上を目指し、国を挙げてキャッシュレス比率の増加に力を入れています。この大きな波をうまく乗りこなすことで、新しいソリューションや新しく生まれるビジネスは無数にあるはずです。

　読者のみなさまが、本書を通じて「キャッシュレス」への理解を深め、なんらかのビジネスチャンスをつかむきっかけにしていただければ幸いです。

山口耕平

世界のキャッシュレス事情

DEBIT CARD
ドイツ

キャッシュレス決済率
16%

最も普及している
決済手段
「デビット」

日本と同様に現金支払いが根強い。キャッシュレス決済手段として最も普及しているのはデビットカード

DEBIT CARD
スウェーデン

キャッシュレス決済率
52%

最も普及している
決済手段
「デビット」

最も盛んなのはデビットカードによる決済。スマホ決済は銀行が作成したSwishという即時決済アプリを利用

中国

キャッシュレス決済率
66%

最も普及している
決済手段
「QRコード決済」

UnionPayのデビットカードは国民の9割が所持していると言われる。スマホ決済はQRコード形式が主流

CREDIT CARD
韓国

キャッシュレス決済率
96%

最も普及している
決済手段
「クレジット」

クレジットカードによる決済が主流。スマホ決済は Samsung Pay による非接触形式が普及している

ケニア

キャッシュレス決済率
60%

最も普及している
決済手段
「M-PESA」

M-PESAと呼ばれるチャージ式のモバイル送金システムが普及している

DEBIT CARD
イギリス

キャッシュレス決済率
69%

最も普及している
決済手段
「デビット」

デビットカードによる非接触形式の決済が主流。スマホ決済でも非接触形式が使われる

DEBIT CARD
インド

キャッシュレス決済率
35%

最も普及している
決済手段
「デビット」

国策により一気にキャッシュレス化が進んだ。デビットカードとQRコード決済が主流

※キャッシュレス決済率は2016年の算出値で、一般社団法人キャッシュレス推進協議会「キャッシュレス・ロードマップ 2019」(2019年4月)より引用。ロシア、ブラジル、ケニアの決済率は同文書と同様の計算手段により算出している(ケニアはモバイル決済額のみ算入)

決済のキャッシュレス化は世界的な潮流ですが、国によって普及している決済手段は異なります。
各国の主なキャッシュレス決済の手段とキャッシュレス決済が占める割合を見てみましょう。

DEBIT
CARD

ロシア

キャッシュレス決済率
55%

最も普及している
決済手段
「デビット」

最も盛んなのはデビット
カードでの決済。スマホ
決済も普及途上にある

CREDIT
CARD

カナダ

キャッシュレス決済率
56%

最も普及している
決済手段
「クレジット」

従来のクレジットまたは
デビットカードによる決
済が主流。非接触形式
は普及途上

CREDIT
CARD

アメリカ

キャッシュレス決済率
46%

最も普及している
決済手段
「クレジット」

カナダと同様に従来のク
レジットまたはデビットカー
ドによる決済が主流。
非接触形式は普及途上

CREDIT
CARD

日本

キャッシュレス決済率
20%

最も普及している
決済手段
「クレジット」

現金支払いが強いが、
FeliCaによる電子マ
ネーも普及している。主
流はクレジットカードに
よる決済

CREDIT
CARD

オーストラリア

キャッシュレス決済率
58%

最も普及している
決済手段
「クレジット」

デビットカードやクレジッ
トカードによる非接触形
式の決済が主流

CREDIT
CARD

ブラジル

キャッシュレス決済率
24%

最も普及している
決済手段
「クレジット」

従来のクレジットカードや
デビットカードによる決済
が主流。非接触形式へ
の取り組みも進んでいる

日本における
キャッシュレス決済の図式

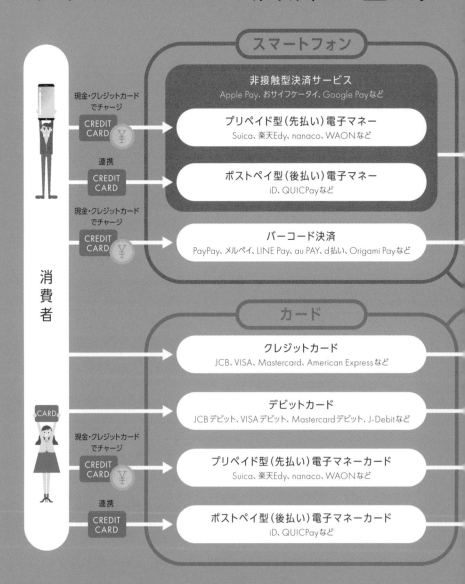

消費者

スマートフォン

非接触型決済サービス
Apple Pay、おサイフケータイ、Google Payなど

現金・クレジットカードでチャージ

プリペイド型（先払い）電子マネー
Suica、楽天Edy、nanaco、WAONなど

連携

ポストペイ型（後払い）電子マネー
iD、QUICPayなど

現金・クレジットカードでチャージ

バーコード決済
PayPay、メルペイ、LINE Pay、au PAY、d払い、Origami Payなど

カード

クレジットカード
JCB、VISA、Mastercard、American Expressなど

デビットカード
JCBデビット、VISAデビット、Mastercardデビット、J-Debitなど

現金・クレジットカードでチャージ

プリペイド型（先払い）電子マネーカード
Suica、楽天Edy、nanaco、WAONなど

連携

ポストペイ型（後払い）電子マネーカード
iD、QUICPayなど

現在の日本のキャッシュレス決済は、大きく分けてスマホ決済と
カード決済の2種類が存在します。また、クレジットカードやデビットカードは
スマホ決済においてもチャージや支払いに使用されます。

※図はおおまかな決済の流れを示したもので、利用するサービスによって多少異なります

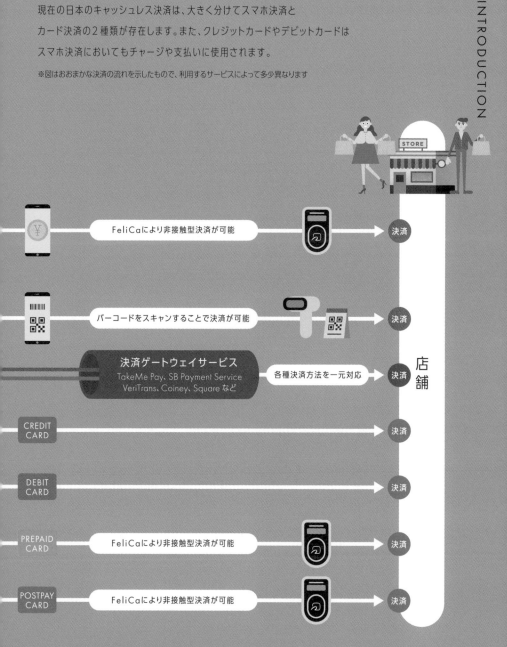

FeliCaにより非接触型決済が可能

決済

バーコードをスキャンすることで決済が可能

決済

決済ゲートウェイサービス
TakeMe Pay、SB Payment Service
VeriTrans、Coiney、Square など

各種決済方法を一元対応

決済

店舗

CREDIT CARD

決済

DEBIT CARD

決済

PREPAID CARD

FeliCaにより非接触型決済が可能

決済

POSTPAY CARD

FeliCaにより非接触型決済が可能

決済

目次

PART1　キャッシュレス決済がなぜ話題になるのか

PART2　キャッシュレス決済を可能にする技術

PART3　キャッシュレス決済の構図

PART4　複雑に絡み合う
キャッシュレス決済のプレイヤー

PART5　キャッシュレス決済が もたらすミライ

1

キャッシュレス決済が
なぜ話題になるのか

キャッシュレスとは

近年、キャッシュレスは世界中で注目のキーワードとなっています。
本書では、キャッシュレスのしくみからキャッシュレスがもたらす
社会への影響を紹介していきます。

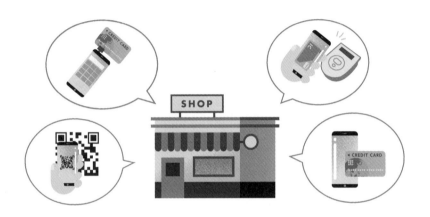

◆そもそもキャッシュレスって何？

　キャッシュレスとは、現金（キャッシュ）を利用せずに、電子マネーやクレジットカード、口座振替などの方法で決済したり釣銭を受け取ったりすることです[01]。日本では約60年前にクレジットカードが誕生して以来、銀行法などが少しずつ変化しながらキャッシュレス化が進んできましたが、ここ数年で大きく変化しました。それはモバイルペイメント、つまりスマホ決済の登場に起因します。

　中国ではキャッシュレス社会が進んでいますが、スウェーデンなどの北欧諸国でもキャッシュレス比率が高く、キャッシュレスを活用した新しいサービスの台頭や社会問題の解消に役立っています。一方、現金信仰が根強い日本におけるキャッシュレス決済比率は約20％で、海外と比べると遅れているのが実情です。そのため、政府は2025年までにキャッシュレス比率を40％に引き上げるロードマップを策定し、将来的には80％を目指して必要な環境整備を進めています。

［01］キャッシュレスの種類

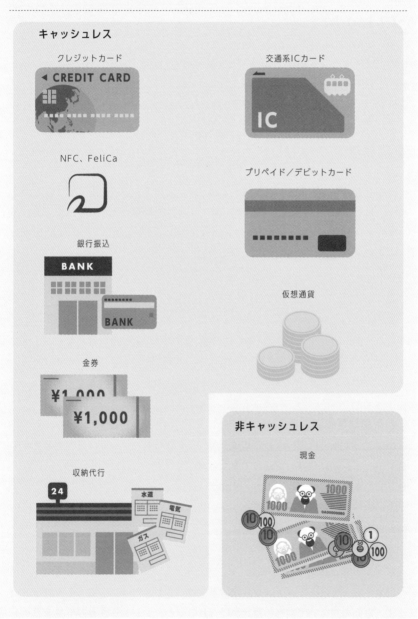

キャッシュレス

クレジットカード

交通系ICカード

NFC、FeliCa

プリペイド／デビットカード

銀行振込

仮想通貨

金券

収納代行

非キャッシュレス

現金

キャッシュレスの
メリット

私たち日本人は、現金で暮らしていても日常生活に不都合を感じることはないでしょう。
では、なぜキャッシュレス化が進んでいるのでしょうか？
キャッシュレス化のメリットを消費者側と店舗側で整理していきます。

◆ 消費者側のメリット

　急速に進むキャッシュレス決済ですが、現金での支払いが根強く残る日本では、現金を持ち歩かないことに不安を感じる人も少なくないかもしれません。決済がキャッシュレス化することでどのようなメリットがあるのか、まずは消費者の視点から見ていきましょう[02]。

①現金を持ち運ぶ必要がない

　現金の持ち歩きは盗難や紛失のおそれがあります。とくに海外では、日本と比べるとそのリスクが非常に高いといえます。また、現金の持ち合わせがなくなれば、ATMに行って現金を下ろす必要があり、手数料もかかります。キャッシュレス化が進めば、前述のような手間やコストを解消することが可能です。

②利用履歴が確認できる

　現金での支払いはデータとして履歴が残らないため、データで管理するためにはレシートを元に自身で記録しておく必要があります。ところがキャッシュレス化してしまえば、いつ・どこで・どれだけ支払ったのかがデータとして残ります。お金の管理にはデータ化が可能なキャッシュレスが向いており、海外では確定申告が自動化されている国もあります。

③ポイントなどの還元率が高い

　現金と違って、キャッシュレス決済事業者の多くがポイント還元を実施しています。毎回の支払いで数％の還元が得られるほか、クレジットカードやデビット

カードと連携させることで、店舗独自のポイントとの二重取りができるサービスも多く、消費者の大きな魅力となっています。

④犯罪の抑制につながる

　現金にまつわる犯罪はあとを絶ちません。キャッシュレス決済はデータとして履歴が残るため、盗難を未然に防ぐことができます。

⑤盗用時の補償がある

　キャッシュレス化すると、デバイスを紛失した際の悪用が懸念されていますが、万一の事態に備え、各サービスの多くには補償が付いています。現金の場合は紛失しても戻らない場合がほとんどですが、キャッシュレスにすると不正な利用をキャンセルすることができます。

⑥エコ&衛生面が期待できる

　現金には硬貨や紙幣の生産コスト、資源などを必要としますが、キャッシュレスではそれらをすべてデータ化するため、資源を浪費することがありません。
　飲食店などにおいては衛生管理が非常に重要であり、衛生面に問題のある店舗は評判が下がってしまいます。キャッシュレス化すれば現金に触れることがなくなるため、衛生面が向上すると考えられています。

[02]　消費者のメリット

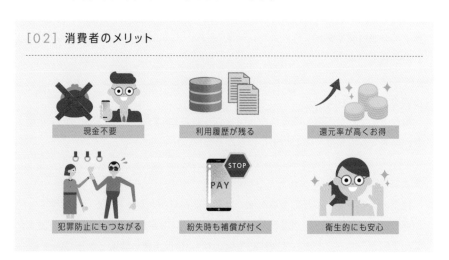

| 現金不要 | 利用履歴が残る | 還元率が高くお得 |
| 犯罪防止にもつながる | 紛失時も補償が付く | 衛生的にも安心 |

◆店舗側のメリット

　キャッシュレスを導入する店舗は徐々に増えてきていますが、セキュリティ面に不安を感じたり、コスト面で導入を踏みとどまったりする店舗も少なからずあるでしょう。ここでは店舗側が得られるメリットについて見ていきます。

①現金の管理コストが不要

　現金を取り扱う店舗では、釣銭を用意したり、1日の終わりに売上データと付き合わせて締め作業を行ったりしますが、キャッシュレス化するとこれらの作業が不要になります。また、売上金を夜間金庫に預ける必要もなくなり、人件費の削減にもつながります[03]。

②顧客行動をデータ化できる

　コンビニなどではPOS機を導入することで売上を増大させた事例が多くありますが、キャッシュレス化が進めば、商品がいつ・どこで売れたのかがデータ化され、決済事業者が用意した管理画面を確認するだけで済むため、中小企業での分析も容易になります。

③売上増加につながる

　現金管理に必要な人的コストを削減できれば、その分の労働力をほかの業務に回すことが可能です。これにより、結果的にサービス向上・売上増加につながるといわれています。

④会計ミスの防止

　現金を扱うことがなくなるため、受け取ったお金や釣銭の数え間違いがなくなり、結果として会計ミスの防止につながります。

⑤決済速度が速い

　現金の受け渡しが不要になるだけでなく、クレジットカードにおいてはサインの手間も省けるため、決済業務が短縮されます。JCBが行った決済速度の実証実験によると、キャッシュレス決済は現金よりも2倍以上速い結果となっています。

[03]レジの締め作業が不要に

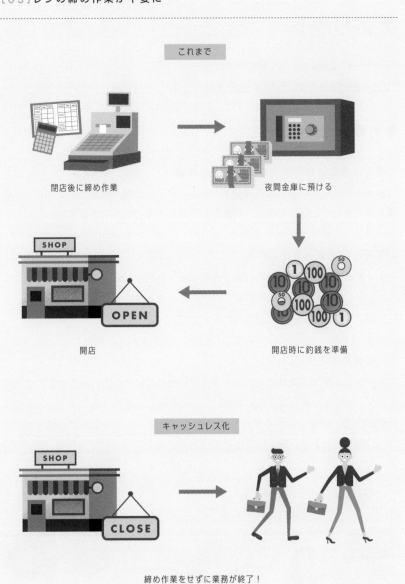

これまで

閉店後に締め作業　　　　　　夜間金庫に預ける

開店　　　　　　　　　　　開店時に釣銭を準備

キャッシュレス化

締め作業をせずに業務が終了！

SECTION 03

キャッシュレスの
デメリット

キャッシュレスには多くのメリットがありました。
ここでは懸念される問題について見ていきます。

◆ 消費者側のデメリット

①導入されている場所でしか利用できない

　キャッシュレスの導入は任意です。そのため、自分が利用したいサービスが店舗に導入されていない場合は、当然ながら利用することができません。

②購買行動がデータ化される

　多くの決済事業者は、購買行動を元に"より便利な社会"の構築を掲げています。しかしながら、お金の流れがデータ化されると決済履歴が可視化されてしまうため、プライバシーへの懸念もあります[04]。

③災害時のリスク

　キャッシュレス決済はインターネットを利用しているため、災害などによってインターネットが利用できない状況になると決済ができなくなります。現金の場合であれば、ATMでお金を下ろすことはできないものの、支払いは可能です。ただし、現金には災害による紛失の補償はありません。

[04] プライバシーに関する懸念

店舗で買い物をすると　　　　購買履歴がデータ化　　　　B店のおすすめ情報を提供

◆店舗側のデメリット

①手数料がかかる

　キャッシュレスを利用するには、決済会社に対して一定の手数料を支払う必要があります。

②支払いサイトがある

　多くの決済会社には独自の支払いサイトがあります。消費者が支払ったお金は一度決済会社に流れ、決済会社から決められた日程で振り込まれます[05]。

③支払いオペレーションが煩雑になる

　決済サービスの種類が増えればそれだけ決済オペレーションを覚えなくてはなりません。とりわけ日本では、乱立する多くの決済サービスをすべて導入するためには教育コストも必要になってくるでしょう。また、各業者から送られてくる明細書などが契約社数分となると、管理や確認も大変になります。現在は一般的なクレジットカードの手数料よりも安い費用で複数の決済サービスを1つにまとめる「決済ゲートウェイサービス」などが提供されており、徐々に解消しつつあります。

［05］支払い後のお金の流れ

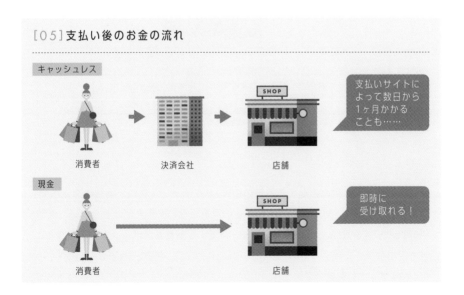

キャッシュレスに関する
日本の施策

各国でキャッシュレス化が進んでいる今、
日本ではどのような取り組みが行われているのでしょうか。

◆ 政府によるキャッシュレス化推進の取り組み

　キャッシュレスの後進国ともいわれる日本ですが、経済産業省がキャッシュレス・ビジョンを掲げ、キャッシュレス化のロードマップを掲示しています。今や国策としてキャッシュレス化が推進されており、キャッシュレス化に向けた具体的な方策が提案されています[06]。

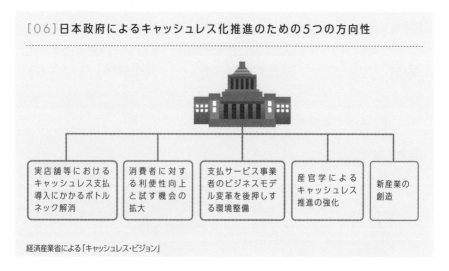

[06]日本政府によるキャッシュレス化推進のための5つの方向性

| 実店舗等におけるキャッシュレス支払導入にかかるボトルネック解消 | 消費者に対する利便性向上と試す機会の拡大 | 支払サービス事業者のビジネスモデル変革を後押しする環境整備 | 産官学によるキャッシュレス推進の強化 | 新産業の創造 |

経済産業省による「キャッシュレス・ビジョン」

　キャッシュレス化を推進する方策の中に、「キャッシュレス・消費者還元事業」があります[07]。2019年10月1日からの消費税率の引き上げにともない、2020年6月までの9ヶ月間、キャッシュレスを利用する消費者にポイントを還元することで中小企業を支援するもので、2019年においては2,798億円の予算をかけて、次の4つのプランを実施しています。

①消費者への還元

　消費税率引き上げ後の9ヶ月間、消費者がキャッシュレス決済手段を用いて中小・小規模の小売店・サービス業者・飲食店などで支払いを行った場合に、個別店舗については5%、フランチャイズチェーン加盟店などについては2%を消費者に還元します。

②決済端末などの導入補助

　中小・小規模事業者がキャッシュレス決済のための端末を導入する際に、導入費用の3分の1を決済事業者が負担し、3分の2を国で補助します。

③決済手数料の補助

　2019年10月1日から2020年6月末まで、中小・小規模事業者がキャッシュレス決済を行う際に、決済事業者に支払う加盟店手数料の3分の1を国が補助します。

④キャッシュレス決済の周知・普及

　2019年4月以降に、説明会の開催、制度の周知・広報（イベント、周知ポスター、動画制作）を実施し、キャッシュレス化のメリットや還元事業の内容をわかりやすく周知させ普及させます。

[07] キャッシュレス・消費者還元事業のしくみ

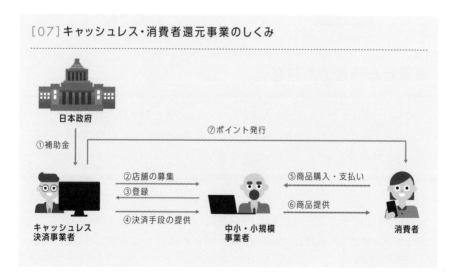

SECTION 05

海外の
キャッシュレス事情

今、キャッシュレスが進んだ国ではどういう状況なのでしょうか？
キャッシュレス大国ともいわれるスウェーデンと中国に焦点を当てて解説していきます。

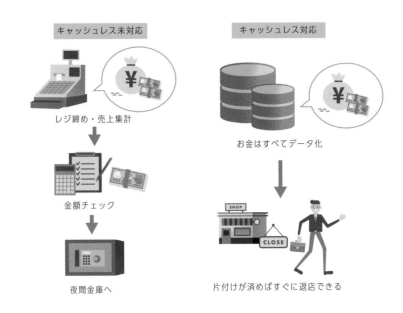

◆確定申告までも自動化

　日本ではキャッシュレス化を推進するべくさまざまな取り組みが実施されており、国も一丸となって改善を試みています。前述したように、海外ではキャッシュレス比率が高い国が多く、中でもスウェーデンはキャッシュレス化が進んでいる国としてメディアでもよく取り上げられています。飲食店や小売店では現金を利用することがなくなり、店舗の締め作業にかかるコストが不要になりました。営業中は釣銭の準備や補充が不要で、受け渡しミスもなくなります。

　恩恵は店舗運営だけにとどまりません。キャッシュレスが浸透したことで資金の流れが明確になり、日本でいうところの確定申告も自動化されました。現金で

はどのような取引がされたのかの記録が残りませんが、キャッシュレスであれば
データとして情報が蓄積されます。キャッシュレスの導入によって現金が廃止さ
れた社会になれば、マネーロンダリング対策につながるだけでなく、脱税や裏金
といった犯罪行為も防ぐことができるでしょう[08]。

　利便性の高いキャッシュレス決済が浸透していることから、「現金お断り」の店
舗が徐々に増えてきています。日本ではいまだ現金利用率が高いものの、現金で
のやり取りがなくなれば人件費を抑えることができ、強盗に狙われる危険も減る
でしょう。また、政府としては、不透明な現金流通の抑止による税収の向上も期
待しています。スウェーデンでは2023年までに現金取引の完全な停止と完全キャ
ッシュレスへの目標を掲げています。

[08]犯罪行為の抑制につながる

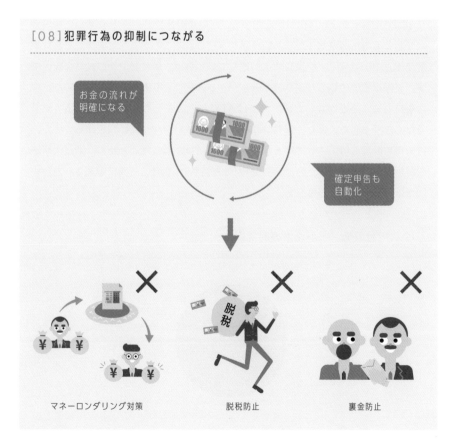

お金の流れが
明確になる

確定申告も
自動化

マネーロンダリング対策　　　　　脱税防止　　　　　裏金防止

脱税

◆中国のキャッシュレス事情

　スウェーデンを始めとしたキャッシュレス比率が80%を超える北欧諸国のほかに、メディアで度々取り上げられるキャッシュレス大国といえば、お隣の中国も忘れてはいけません。

　中国では、日本でも盛り上がりを見せているQRコードが隆盛を極めており、日本銀行が調査した「モバイル決済の現状と課題」によれば、都市部の消費者におけるモバイル決済の利用率は98.3%で、"現金を持っているのは高齢者か訪中旅行者くらい"といわれるほどの利用率を記録しています[09]。中国人民銀行によれば、2017年のモバイル決済総額は202兆9,000億元（約3,412兆円）にも上ると報告されており、この総額は世界一を誇ります。

　中国でキャッシュレス化が進んだいちばんの要因として、「偽札が多いため現金に変わるものが必要だった」という話を挙げられることがありますが、それは誤解です。中国でキャッシュレス化が進んでいるのは、単に利便性の高さが要因です。実際に中国の暮らしぶりはキャッシュレス化により大きく変化しました。現金を持ち運ぶ必要がないため、人々はATMに並ぶことも、手数料を支払う必要もなくなりました。また、以前は公共料金の支払いをする際に列を作っていた銀行の待ち時間も解消されています。前払いも可能になったことから、浙江大学医学院附属第一医院では、約2時間40分だった待ち時間が約1時間に短縮されたと中国ではニュースになりました。

[09] 中国のモバイル決済の利用率

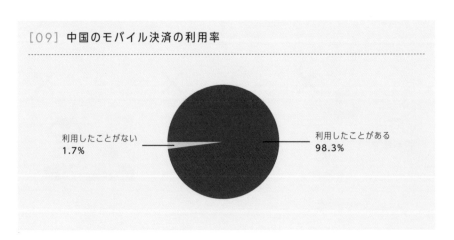

利用したことがない
1.7%

利用したことがある
98.3%

このように、現地で現金を支払う行為がなくなったのは病院だけではありません。たとえばあるコーヒーチェーン店では、スマートフォンの専用アプリから注文を行い、事前に決済することで、店頭に並ばなくともコーヒーを受け取れるサービスが話題を集めています。カフェでは長蛇の列ができることもしばしばありますが、このサービスを使えば後ろの人を気にする心配もありません[10]。

ただし、メリットばかりではありません。中国ではQRコード決済が爆発的に増えたことでスリなどの犯罪が激減しましたが、QRコードを偽造するなどの新たな犯罪が発生しています。ほかにも、デジタル機器が使えないお年寄りや、訪中外国人にとっては支払いが困難な状況となっているのが実情です。

これからキャッシュ化の比率を高めようとする日本では、海外の事例を見習い、うまくデメリットを回避したうえで、多くの恩恵を受けるべきだといえます。

[10]中国のコーヒーチェーン店におけるキャッシュレスの事例

◆圧倒的な進化を遂げる中国のIT事情

　非常に高いキャッシュレス比率を誇る中国ですが、決済ブランドはアリババグループのAlipayとテンセントのWeChat Payという2つの決済が熾烈な覇権争いを行っています[11]。ショッピングはもちろん、交通や個人間のお金のやり取りまでもこれらの電子決済が利用されていることで、あらゆる消費者の購買データが収集されています。収集した購買データを活用することでリアルなユーザー像の把握につながり、最適なタイミングで最適なコミュニケーションが取れるようになっているのです。

　また、購買データは消費者のニーズを把握するために不可欠なデータです。今や中国の各企業では、アリババグループかテンセントのどちらかと提携し、よりすばやくサービスや商品をブラッシュアップすることが企業の生命線となっています。

[11] AliPayとWeChat Pay

	AliPay	WeChat Pay
運営会社	アリババグループ	テンセント
基幹事業	ECプラットフォーム	メッセンジャーアプリ
モバイル決済シェア（2017年）	54%	37%
公称ユーザー数	10億人	8億人
サービス開始	2004年	2013年
日本での提携事業者	PayPay	LINE Pay

◆ 進む顔認証決済

　進んでいるのは決済データのデジタル化だけではありません。中国ではスマートフォンさえも持たない「顔認証」を利用した決済が主流となりつつあります。

　コンビニ大手のセブンイレブンは、広東省など中国南部を中心に顔認証決済が可能な店舗の整備を進めており、2019年11月時点で約1,000店舗で利用できるようになっています。商品のバーコードを読み込み、レジに置かれたタブレットに自分の顔を映すだけで支払いが完了します。スマートフォンを取り出す必要もなく瞬時に決済可能な顔認証決済は、まさに画期的なシステムといえるでしょう[12]。

　顔認証を利用した決済はコンビニだけではありません。自動販売機や地下鉄でも導入され始めています。SuicaやPASMOなどの交通系ICカードを出さずに改札を通過できるようになれば、通勤時の混雑も緩和されることでしょう。

　しかし、こうした取り組みはプライバシーの観点から批判も受けており、EUでは顔データは特別な保護が必要な「生体データ」として取り扱いが厳しく制限されています。これにより、決済会社が人間を特定するために顔データを利用することを原則的に禁止しています。今後のキャッシュレス技術の定着には利便性とプライバシー保護のバランスをどう取るのかが鍵となってきます。

[12] 顔認証システム「蜻蜓（チンティン）」

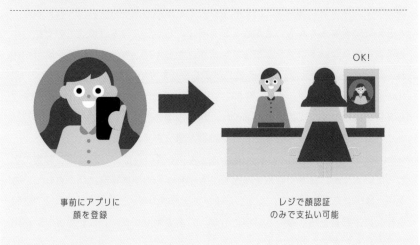

事前にアプリに
顔を登録

OK!

レジで顔認証
のみで支払い可能

キャッシュレス化が
進まない日本

事象だけを取り上げると、経済面・実用面ともにメリットを得られますが、
日本の利用率はまだまだ低いのが現状です。その理由は一体何なのでしょうか?

現金を扱うインフラが整備されている

治安が良い

日本でキャッシュレスが
進まない要因となっている

◆現金決済に不便がない日本

　日本でキャッシュレス化が進まない理由の1つめは「現金を扱うインフラの充実」です。キャッシュレス決済を利用したことがある人からすれば、普及しないことに疑問を覚える人もいるかもしれません。しかし、日本は現金での支払いに不都合を感じないインフラが整っています。たとえば、海外では硬貨や紙幣が汚れ、自動販売機が使えないということがよくありますが、日本の紙幣は綺麗で、偽札の流通も少ないです。また、年間2兆円のコストがかかっているATMの利便性も非常に高いです。支払いの場面では、教育水準の高さと高機能なレジが普及したことで、店頭で現金を扱うことに煩雑さを感じません。

　2つめは「治安の良さ」です。海外ではスリや置引きといった盗難が頻繁に起こっていますが、日本で財布を落としても中身がそのまま警察に届けられているケースは少なくありません。こうしたインフラ水準の高さと治安の良さにより、現金社会に不都合を感じないということが、日本でキャッシュレスが進まない理由ではないかと考えられています。

◆キャッシュレスが進む分野

　しかし、日本でもキャッシュレス化が進んでいる分野があります。それは、Suica
やICOCAといった交通系ICカードの分野です。今、電車やバスを日常的に使っ
ている人の中で、現金を利用して切符を購入している人の比率はどのくらいでし
ょうか？　夢の街創造委員会株式会社が実施した「キャッシュレス決済に関する
調査」によると、決済方法でもっとも多かったのはクレジットカードで、次いで
交通系ICカードという結果が出ています。このことからも、交通系ICカードの
利用率は高く、「日本は現金主義だからキャッシュレスが進まない」というのは誤
った認識であることがわかります。人間は不都合があると、よりお得で、より便
利なものを選択する傾向にあります。今さら電車の切符を現金のみの購入に限定
すれば、大ブーイングが起こることは間違いないでしょう。

　すでにインフラが整っている日本において、現金での支払いが不都合だと感じ
てもらうためには、新しいサービスを実際に利用してもらい、便利さを体験して
もらうことが重要です。日本の大手企業の各決済会社は、数百億円のキャッシュ
バックキャンペーンを打ち出すなど、費用をかけてでも消費者に体験を促す取り
組みを行っています[13]。

[13]各社が大規模なキャンペーンを打ち出す

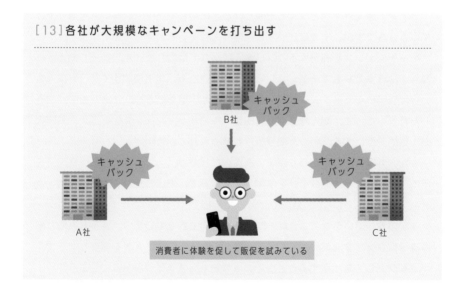

キャッシュ
バック
B社

キャッシュ
バック
A社

キャッシュ
バック
C社

消費者に体験を促して販促を試みている

COLUMN | キャッシュレス決済の小噺

アイデアで加速する
キャッシュレス

日本美食が行ったキャッシュレス導入セミナー

　ポイント還元事業など政府も干渉し、どうにかしてキャッシュレスを盛り上げている日本ですが、すでにビジネスに取り入れている企業も増えています。

　キャッシュレスを利用するのは日本人ばかりではありません。前述したように、海外では日本よりもキャッシュレス比率が高いため、年々増加する訪日外国人観光客は自国のキャッシュレス決済が利用できる店舗を好む傾向にあります。こうした背景もあって、観光地では商店街レベルでキャッシュレス化を進め、外国人の人気観光地にするといった取り組みも進められています。

　また、外国人とのかかわりが多い飲食店などでは、スマホ注文とスマホ決済を組み合わせることで売り上げを増加させています。来店したお客にお店のスマホページを表示してもらい、自身で注文と決済を行ってもらうことで、コミュニケーションの食い違いをなくし、ユーザー体験を向上させています。こうした取り組みは今後さまざまな業界に波及すると考えられます。アイデアを駆使してうまくキャッシュレスを活用することがビジネスチャンスへとつながるでしょう。

PART

2

キャッシュレス決済を
可能にする技術

キャッシュレスの
あゆみ

キャッシュレスの世界においても、
日々の技術の進歩によって新たなサービスが誕生し、
人々に新たな生活のあり方をもたらしています。
まずはキャッシュレスの歴史について知っていきましょう。

	取引方法		技術
	紙幣の利用		紙幣の製造
	小切手などの利用		
1950年代	クレジットカードの利用		
1990年代半ば	ネットショッピングの利用		コンピュータや インターネットの発展
1990年代後半	電子マネーの利用		FeliCa誕生
2010年代	QRコードの利用		スマホ登場

◆キャッシュレスの始まり

　キャッシュレスの歴史はかなり古く、その概念は日本においては江戸時代にまで遡ります。江戸時代末期に、高級品である呉服を扱う呉服商を中心に、代金を後払いできるいわゆるツケ払いが普及しました。ツケ払いのように「モノ」を「信用」で購入する月賦販売の原型は、伊予（現愛媛県）において当時大変高価だった漆器や陶器を、盆暮の2回払いで購入できるようにした節季払いという支払い方式が始まりだといわれています。

◆クレジットカードの誕生

アメリカでは、発行した企業とその店舗で利用できる「チャージカード」「チャージプレート」と呼ばれるクレジットカード前身のシステムが1920年頃に誕生し、利用されていました。その後、戦後のアメリカでは富裕層を中心に消費ブームが起こり、消費者はさまざまな店舗のカードや信販会社のカードを所持するようになります。

そのような中、1950年に設立されたダイナースクラブがどこでも使える汎用クレジットカードを誕生させました。クレジットカードのサービスには決済だけではなく、保険や商品割引などのさまざまな付帯サービスがありますが、飲食店やアミューズメント施設などでも利用できる「T&E（トラベル＆エンターテイメント）カード」もありました。

日本では、1960年に日本ダイナースクラブが、1961年には日本クレジットビューロー（現JCB）が設立され、富裕層向けに日本初のクレジットカードが発行されました。これまでアメリカではクレジットカードは紙製でしたが、このとき初めてプラスチック製のカードが開発され、世界標準となっていきます。その後、1972年にカードに個人情報を書き込む「磁気ストライプ型」が、2001年にセキュリティを強化した「ICチップ型」が登場し、現在に至ります[01][02]。

[01] クレジットカードの変遷

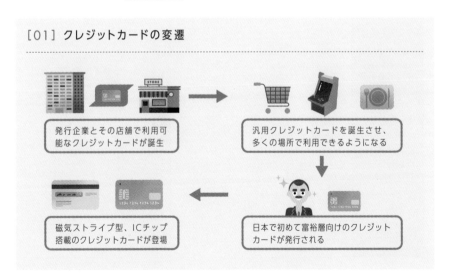

発行企業とその店舗で利用可能なクレジットカードが誕生

汎用クレジットカードを誕生させ、多くの場所で利用できるようになる

磁気ストライプ型、ICチップ搭載のクレジットカードが登場

日本で初めて富裕層向けのクレジットカードが発行される

[02] キャッシュレス年表

	年	世界	日本
クレジットカード黎明期	1950年	ダイナースクラブ 設立	
	1958年	American Express 発行 BankAmericard（現VISA）発行	
	1960年		日本ダイナースクラブ 設立
	1961年		日本クレジットビューロー （現JCB）設立・割賦販売法公布
	1966年	インターバンク・カード・アソシエーション（現Mastercard）設立	
	1968年		住友クレジットサービスが バンクアメリカード（現VISA）を発行
	1969年		
	1970年		DCカードがMastercardを発行
クレジットカード普及期	1974年		
	1975年		
	1976年	BankAmericardの名称が VISAに変更	
	1980年		VISA Japan 設立
	1989年		Mastarcard Japan 設立
電子マネー黎明期	1997年	香港「オクトパスカード」 サービス開始	
	1998年	「PayPal」サービス開始	
	2001年		「Suica」「Edy」サービス開始
	2002年	「中国銀聯」設立	
電子マネー普及期	2004年	「Alipay」サービス開始 （オンライン決済）	「おサイフケータイ」サービス開始
	2007年		「nanaco」「WAON」サービス開始
	2013年	「WeChat Pay」サービス開始	交通系ICカードが全国相互利用を開始
	2014年		「LINE Pay」サービス開始
スマホ決済黎明期	2015年		
	2016年		「楽天Pay」サービス開始
	2017年		
	2018年		「d払い」「PayPay」サービス開始
	2019年		「メルペイ」「au PAY」 サービス開始

◆電子マネーの普及

　世界で初めて電子マネーが登場したのは、1997年に香港の地下鉄などで利用できる交通カード「オクトパス」といわれています。これにより、日本のソニーが開発した非接触IC技術のFeliCaが初めて実用化されました。これは非接触ICカードでは世界初の電子マネーといわれ、今では香港の15〜64歳の普及率がほぼ100%となっています。

　香港での成功例から、日本でも交通カードから電子マネーが普及していきます。2001年にJR東日本の「Suica」に初めて導入されたことをきっかけに、あっという間に全国の主要都市圏で利用できるまでに拡大していきました。2007年にはセブン＆アイ・ホールディングスが「nanaco」を、イオンリテールが「WAON」をそれぞれ開始したのを皮切りに、流通系といわれる電子マネーが続々と登場したのです。その後、2013年頃からのスマートフォンの登場にともなって、「Edy」（現・楽天Edy）やNTTドコモの「iD」、JCBの「QUICPay」など、おサイフケータイも本格的に普及していきました[03]。

[03] 電子マネーの変遷

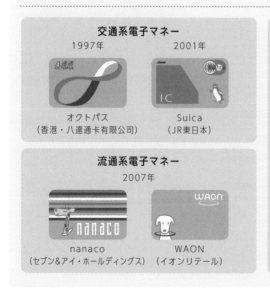

◆QRコード決済

　スマートフォンを使ったQRコード決済は、2014年頃から中国で爆発的に普及し、アリババグループ（阿里巴巴集団）が提供する「Alipay（支付宝）」、テンセント（騰訊）が提供する「WeChat Pay（微信支付）」で全体のシェアの90％以上を占めています。その普及率は都心部では98％に達しているといわれており、飲食店や小売店だけでなく、公共機関や露店、市場など、利用できない箇所はほとんどないほどにまでインフラとして発達しています。

　日本におけるQRコード決済ですが、始めは近年爆発的に増加している中国からの訪日観光客を受け入れるためのインフラ整備として、2016年頃から観光地を中心に導入が見られるようになりました。2020年の東京オリンピック、2025年の大阪万博開催を控え、経済産業省が打ち出しているキャッシュレス推進策も相まって、日本でもサービス事業者や国内携帯キャリア、金融機関が続々とQRコード決済事業者として参入してきています。まさに過渡期の真っ只中といえる国内系QRコード決済ですが、決済サービス事業者間だけではなく、電子マネーや従来のクレジットカードとの兼ね合いも含めて、今後注目していくべきサービスといえます[04]。

[04] QRコードによる決済

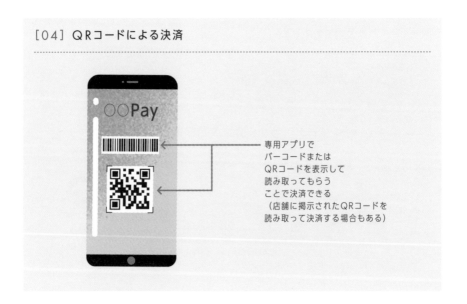

専用アプリで
バーコードまたは
QRコードを表示して
読み取ってもらう
ことで決済できる
（店舗に掲示されたQRコードを
読み取って決済する場合もある）

SECTION 08

クレジットカード

1950年代に誕生した元祖キャッシュレスのクレジットカードですが、
電子マネーやQRコード決済も、その決済方法はクレジットカードに
紐付けられての支払いが主流です。
まずはクレジットカードの技術としくみを解説します。

◆クレジットカードの製造

　クレジットカードの製造は、VISAやMastercardといった国際ブランドによる
厳しい審査と認定を受ける必要があり、トップクラスのカード製造技術を持つ企
業でしか製造を行うことができません。日本ではいくつかの大手印刷会社が製造
を担っていますが、クレジットカードは偽造や不正利用などの犯罪との戦いであ
るといわれるほど、その製造過程には常に技術の高度化が要求されています。そ
こには絶えず時代の最先端技術が詰めこまれ、日進月歩で発展しています[05]。

[05] クレジットカードの製造に必要な技術

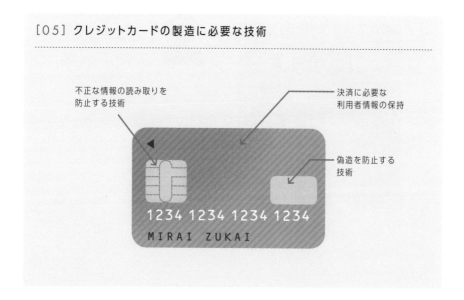

不正な情報の読み取りを
防止する技術

決済に必要な
利用者情報の保持

偽造を防止する
技術

1234 1234 1234 1234
MIRAI ZUKAI

◆ 磁気カード

　磁気カード（磁気ストライプカード）は、裏面に黒い磁気テープがあるカードです。この磁気テープに個人情報などのデータを格納し、専用の機械に通して情報を読み取ります。日本国内では預金通帳の表面にも磁気ストライプが貼ってあり、記帳処理などに用いられています。

　磁気カードは、データを読み取る端末も含めてコストが安く、1972年に初めて登場して以来、世界各国で長い間利用されてきました。しかし、磁気が弱まると使えなくなったり、水が付くと磁気が弱くなったりするといった欠点もありました。また、磁気カードの情報はかんたんに入手できてしまうため、2000年代に入ると「スキミング」（クレジットカードにおける犯罪手口の1つで、磁気カードに書き込まれている情報を盗んで悪用する）の被害が多いことが大きな社会問題となりました[06]。

[06] 磁気カードとスキミング

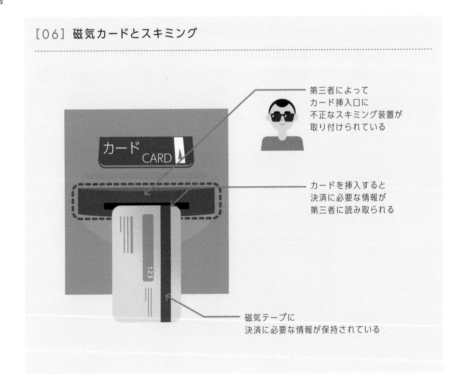

第三者によって
カード挿入口に
不正なスキミング装置が
取り付けられている

カードを挿入すると
決済に必要な情報が
第三者に読み取られる

磁気テープに
決済に必要な情報が保持されている

◆ICカード

1998年、ICクレジットカードの統一規格「EMV」が策定されました。EMVとは、Mastercardの「M」とVISAの「V」、そこにEuropay Internationalの「E」を取って名付けられ、日本では2001年からクレジットカードのICチップ化に着手し始めました。

ICチップには、主に情報を記録したり、アクセスを制限したりする機能が備わっており、カードの利用状況の記録や、暗証番号での決済を可能にする役割を担っています。磁気テープに直接情報を書き込む磁気カードと比べ、ICチップは情報を暗号化して記録しているため、本人確認情報など多くの情報の埋め込みが可能となり、情報を取り出すことが非常に困難になりました。

2018年の割賦法改正により、加盟店ではICカード対応が義務付けられ、2020年までにすべてのクレジットカードがIC化される見込みです。これまでクレジットカードが不正利用された場合は、その被害の債務責任は決済端末を設置している店舗ではなく、クレジットカードの発行会社にありました。ところが2015年10月から、一定の条件下であれば責任を移行できる「ライアビリティシフト」という制度が適用されました。この制度によって、決済端末を設置していない店舗でクレジットカードの不正利用が行われた際の債務責任は、すべて店舗側が負う形になりました。加盟店でEMV非対応の端末を設置している場合は、IC対応端末への変更が急務といえるでしょう[07]。

[07] 磁気カードとICカードの違い

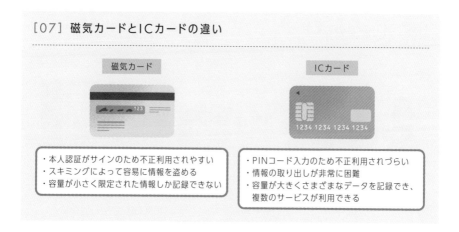

磁気カード
・本人認証がサインのため不正利用されやすい
・スキミングによって容易に情報を盗める
・容量が小さく限定された情報しか記録できない

ICカード
・PINコード入力のため不正利用されづらい
・情報の取り出しが非常に困難
・容量が大きくさまざまなデータを記録でき、複数のサービスが利用できる

◆クレジットカードのセキュリティ技術としくみ

　クレジットカードには、決済を安全に行うために国際的なセキュリティ基準が設けられているほか、さまざまなシステムや技術で成り立っています。ここでは主な技術について解説していきます。

オーソリ

　オーソリは、「オーソリゼーション（Authorization）」の略称で、店舗側がクレジットカード会社に対して、利用者が商品やサービスを購入する際に、クレジットカードが有効であるか、利用限度額に達していないかなどの信用確認（与信照会）を行い、利用可能と判断されて初めて決済できるしくみのことです。日本では「信用承認」や「販売承認」などとも呼ばれています。オーソリは購入するたびに行われるわけではありませんが、一定金額以上の買い物をした場合には、本当に与信（信用供与）が可能かどうかをカード会社に照会し、「オーソリゼーションコード（承認番号）」をもらうことが義務付けられています。通常この作業は、クレジットカード端末機を通してオンラインで行われますが、カード会社に電話して行われることもあります。

　オーソリは、クレジットカード決済において、正しく利用できるカードであるかどうかをチェックするものです。カード利用者の与信照会と同時に、本人確認による不正利用を防ぐ役割も担っています[08]。

---

[08] **オーソリのしくみ**

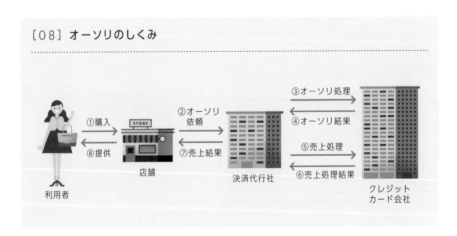

利用者 ①購入 → 店舗 ②オーソリ依頼 → 決済代行社 ③オーソリ処理 → クレジットカード会社
④オーソリ結果
⑤売上処理
⑥売上処理結果
⑦売上結果
⑧提供

PCI DSS

PCI DSSとは、「Payment Card Industry Data Security Standard」の略称で、国際カードブランド5社（American Express、Discover、JCB、Mastercard、VISA）が共同で設立したPCI SSC（PCI Security Standards Council）によって運営・管理されている、クレジットカード業界の国際的なセキュリティ基準です[09]。クレジットカード会員の情報を保護することを目的としており、十分なセキュリティを確保するために、問診票での自己診断、脆弱性スキャニングテストと専門家による訪問調査が行われています。厳密な審査を行うことで、高いセキュリティと信頼性を実現しているのです。

PCI DSS準拠によって、企業価値や信頼の向上が期待されています。また、ハッカーやクラッカーなどによるさまざまな不正アクセスから自社のECサイトを保護し、ECサイトの改ざんや悪用、情報盗用の被害リスクを抑制します。

[09] PCI DSS(v3.2)の12の要件

要件1	カード会員データを保護するために、ファイアウォールをインストールして構成を維持する
要件2	システムパスワードおよび他のセキュリティパラメータにベンダ提供のデフォルト値を使用しない
要件3	保存されるカード会員データを保護する
要件4	オープンな公共ネットワーク経由でカード会員データを伝送する場合、暗号化する
要件5	ウイルス対策ソフトウェアまたはプログラムを使用し、定期的に更新する
要件6	安全性の高いシステムとアプリケーションを開発し、保守する
要件7	カード会員データへのアクセスを、業務上必要な範囲内に制限する
要件8	コンピュータにアクセスできる各ユーザーに一意のIDを割り当てる
要件9	カード会員データへの物理アクセスを制限する
要件10	ネットワークリソースおよびカード会員データへのすべてのアクセスを追跡および監視する
要件11	セキュリティシステムおよびプロセスを定期的にテストする
要件12	すべての担当者の情報セキュリティポリシーを整備する

3Dセキュア

3Dセキュアとは、インターネット上でクレジットカード決済を安全に行うための本人認証サービスです[10]。通常はクレジットカードの番号や氏名、有効期限、セキュリティコードなどを基にして決済が行われますが、3Dセキュアでは前述したクレジットカード情報に加えて、あらかじめ登録したパスワードの入力が求められます。パスワードが入力されなかったり、誤ったパスワードが入力されたりした場合は決済は行われません。

登録したパスワードは暗号化されてカード会社に送信されるため、オンライン決済時に情報を取得できないように設計されています。そのため、クレジットカード盗用によるなりすましなどの被害を未然に防ぐことが可能になります。現在はVISA、Mastercard、JCB、AMEXの国際ブランド各社が採用しており、世界標準の本人認証システムとなりつつあります。

［10］3Dセキュアの流れ

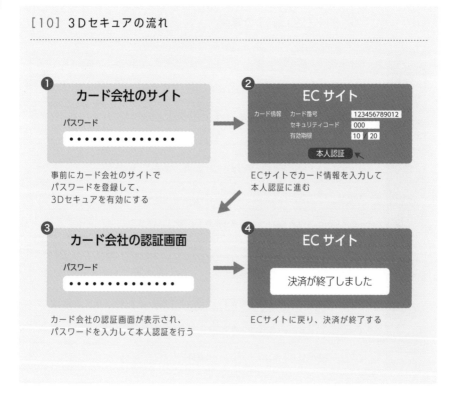

❶ カード会社のサイト
パスワード
●●●●●●●●●●●●●●●

事前にカード会社のサイトで
パスワードを登録して、
3Dセキュアを有効にする

❷ ECサイト
カード情報　カード番号　123456789012
セキュリティコード　000
有効期限　10／20
本人認証

ECサイトでカード情報を入力して
本人認証に進む

❸ カード会社の認証画面
パスワード
●●●●●●●●●●●●●●●

カード会社の認証画面が表示され、
パスワードを入力して本人認証を行う

❹ ECサイト
決済が終了しました

ECサイトに戻り、決済が終了する

SSL

　SSLとは、「Secure Socket Layer」の略称で、インターネット上におけるデータを暗号化して送受信するための通信技術のことです。個人情報やクレジットカード情報などの重要なデータを暗号化することで、第三者によるなりすましやデータののぞき見といった、不正アクセスを防止する役割を担っており、通信の安全性を高めています。SSLが実装されているWebサイトにはアドレスバーに鍵マークが表示されており、データの安全性が確保されていることをユーザーに知らせることができます[11]。

[11]　SSLのしくみ

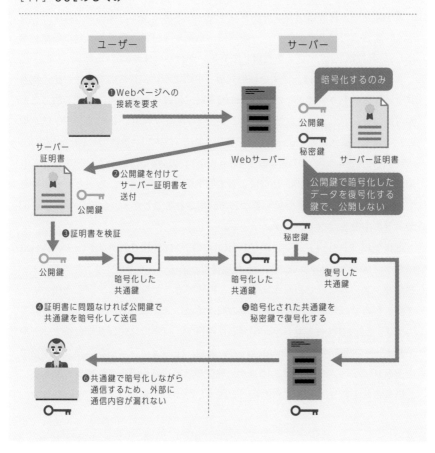

SECTION 09

電子マネー

交通系ICカードやおサイフケータイなど、
今や日常生活において当たり前のように使われている電子マネーですが、
その技術やしくみはどうなっているのでしょうか?

◆さまざまな分野に広がる非接触ICカード

　電子マネーの世界はブランドやプレイヤーが非常に多く、支払い方法やその形態もさまざまではありますが、一般的に「企業が発行する電子化されたお金」を指し、「非接触ICカード」を利用して支払いが行われます。

　非接触ICカードとは、従来の接触式カードのように、読取端末に差し込んだりスライドさせたりすることなく、読取端末に近付けるだけで情報を読み取ることが可能なカードです。読取端末が発する微弱な電波を利用してICカードを読み取るしくみで、通信距離によって、「密着型（2mm以内）」「近接型（10cm以内）」「近傍型（70cm以内）」「遠隔型（70cm以上）」の4種類に細かく分類されており、遠隔型以外は国際規格ISO/IECによって標準化されています。もっとも利用されているのは近接型で、身分証明書などで利用されることが多く、近年の非接触ICカードの主流となっています。

　近接型は「TypeA」「TypeB」「FeliCa」の3つに分類されます[12]。TypeAはオランダのフィリップスが開発した規格で、ヨーロッパやアメリカを中心に、公共交通システムなどで利用されており、世界でもっとも普及している規格といえます。日本ではたばこの自動販売機の成人認証システム「Taspo」で採用されています。TypeBはモトローラが開発した規格で、日本では住民基本台帳カードやパスポート、運転免許証に採用されています。FeliCaはソニーが開発した規格で、交通系ICカードや電子マネーのほか、現在では社員証や学生証、家電製品などにも搭載されており、徐々に利用範囲を拡大しつつあります。

[12] 非接触ICカードの3つの規格

非接触ICカード

TypeA	TypeB	FeliCa
・オランダの 　フィリップスが開発 ・世界でもっとも 　普及している規格 ・日本ではTaspoで採用	・アメリカの 　モトローラが開発 ・TypeAとは変調方式と 　符号体系が異なる ・日本では運転免許証 　などで採用	・日本のソニーが開発 ・日本の電子マネーで 　もっとも普及している規格 ・日本ではSuicaなどで 　採用

◆今後の展望が期待されるFeliCaの特徴

　FeliCaの通信速度はTypeA/Bの（106kbps）の2倍の212kbpsで、高速での データ処理が可能です。1枚のカードにICチップとアンテナが搭載され、対応の リーダー／ライター(読取端末)にカードをかざせば、約0.1秒以内でデータの読 み書きが完了します。また、カード内は階層状に構成されています。電子マネー としてだけでなく、会社内での入退室管理、モバイル端末へのログイン認証、ポ イント利用など、1枚のカードの中で複数のサービスを管理することが可能です。 さらに、FeliCaはコイン型のようなカード以外のさまざまな形状に対応しており、 キーホルダーや腕時計に組み込むことも可能です[13]。

[13] FeliCaの特徴

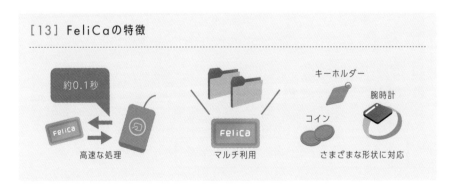

約0.1秒　高速な処理　　マルチ利用　　キーホルダー　腕時計　コイン　さまざまな形状に対応

◆NFCとFeliCaの違い

　近年、近距離無線通信はFeliCaやTypeA、TypeBなど、複数の規格が世界中に存在する状態が続いていました。ポータブルスピーカーでおなじみのBluetooth技術も、広義では近距離無線通信のひとつですが、今後のマーケット拡大やアプリケーションの開発促進のために、ソニーとフィリップスによって共同開発されたのが「NFC（Near Field Communication）」です。

　NFCは、FeliCaと同様に近距離無線通信規格のひとつで、機器どうしをかざすだけで通信を可能にした技術です。かざして処理を行うという点でFeliCaと混同されやすいですが、NFCは通信方式そのものを指すのに対し、FeliCaはNFCの規格をベースにソニーが独自開発した規格です。つまり、NFCの中の規格のひとつがFeliCaということです[14]。

　NFCは既存の非接触通信技術との間に互換性を持っており、今後、電子マネーの海外利用など、さらなる利便性の向上が期待されています。

[14] NFCとFeliCaの関係

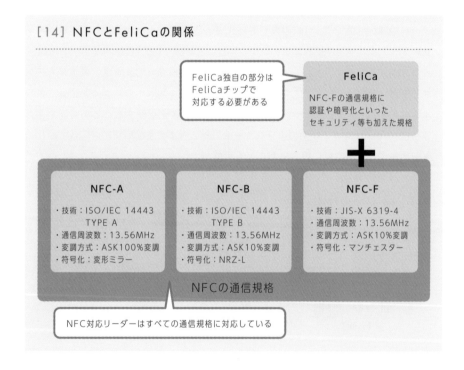

FeliCa独自の部分はFeliCaチップで対応する必要がある

FeliCa
NFC-Fの通信規格に認証や暗号化といったセキュリティ等も加えた規格

+

NFC-A
・技術：ISO/IEC 14443 TYPE A
・通信周波数：13.56MHz
・変調方式：ASK100%変調
・符号化：変形ミラー

NFC-B
・技術：ISO/IEC 14443 TYPE B
・通信周波数：13.56MHz
・変調方式：ASK10%変調
・符号化：NRZ-L

NFC-F
・技術：JIS-X 6319-4
・通信周波数：13.56MHz
・変調方式：ASK10%変調
・符号化：マンチェスター

NFCの通信規格

NFC対応リーダーはすべての通信規格に対応している

SECTION 10

QRコード決済

キャッシュレスの世界で、
近年もっとも注目を浴びているのがQRコード決済です。
その技術やしくみ、メリットなどを見ていきましょう。

◆日本発祥のQRコード

　今ではQRコード決済が身近なものとなりつつありますが、QRコードそのもの
は1994年に株式会社デンソーウェーブが開発した日本生まれの技術です。従来の
バーコードは最大20文字ほどの情報しか記録できませんでしたが、バーコードの
普及にともない、「より多くの情報を格納したい」というニーズが徐々に高まり、
それに応える形で開発されました。バーコードが情報を横並びに記録する「一次
元コード」であるのに対し、QRコードは情報を縦と横の2方向に記録する「二次
元コード」であるため、従来のバーコードの数十倍から数百倍もの情報を記録す
ることができます[15]。

　QRコードは3つの角に切り出しシンボルを配置しており、360度どの角度から
でも正確に読み取ることが可能です。また、コードの一部が汚れていたり破損し
たりしていても、コード自身でデータを復元する「誤り訂正機能」を持っている
ため、汚れに強いことも大きな特徴です。

[15] QRコードのしくみ

情報を持つ

情報を持たない

通常のバーコード

情報を持つ

情報を持つ

QRコード

切り出しシンボル

どの角度からスキャンしても、
切り出しシンボルによって
コードの位置を特定できる

◆QRコード決済のしくみ

　QRコード決済はスマートフォンを使った支払い方法のひとつで、<u>スマホ決済</u>ともいわれています。店舗側またはユーザー側が提示したQRコードやバーコードを読み込むことで決済が行われるしくみです[16]。ユーザーは、決済事業者が提供する専用アプリ（LINE Payを利用している場合はLINEアプリ）をダウンロードし、事前にアプリにクレジットカード情報や銀行口座情報を紐付けておくことで決済が可能になります。スマホ決済サービスとして知られるGoogle PayやApple Pay、おサイフケータイは機種やOSに依存してしまいますが、QRコード決済ではiOSやAndroidに関係なく、専用アプリをダウンロードすれば大半の機種で利用することができます。一方店舗側は、各決済事業者が提供するQRコードを表示したり、読み込んだりするための手段を用意する必要があります。

[16] QRコード決済のしくみ

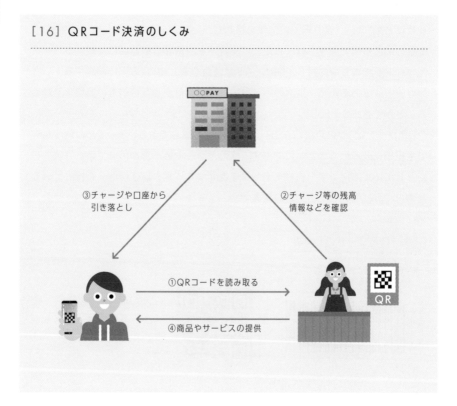

③チャージや口座から
　引き落とし

②チャージ等の残高
　情報などを確認

①QRコードを読み取る

④商品やサービスの提供

◆QRコード決済のメリット

　日本では電子マネーがすでにインフラとして普及してきていますが、QRコード決済が注目されているのはなぜでしょうか？

　まず、ユーザーが利用するメリットとして、ポイント還元率の高さや各社が打ち出しているさまざまなキャンペーンが挙げられます。QRコード決済事業のほとんどは、LINE Pay（LINE）はメッセンジャーサービス、メルペイ（メルカリ）はフリマアプリ、d払い（docomo）やau PAY（au）は携帯キャリアといったように各社が事業展開をしているため、ポイントなどと連動している点が決済ブランドを選ぶ要因になっているようです。

　店舗側のメリットは安価に導入できることです。印刷されたQRコードを設置したり、スマートフォンやタブレットに専用アプリを入れたりするだけで利用が可能なので、従来のクレジットカード端末などの導入と比較すると初期費用を大幅に抑えられ、積極的に導入する店舗が急速に拡大しています。

　QRコード決済を導入しておけば集客効果も期待できます。便利さを体験したユーザーのリピート率向上にもつながるかもしれません。中国ではQRコード決済が主流のため、インバウンドの集客も見込めるでしょう［17］。

［17］ QRコード決済を導入するメリット

5％還元！

ポイント還元率が高く
利用者が増えている

専用の端末が不要で
安価に導できる

集客効果が期待できる

◆QRコード決済の種類

ユーザースキャン型（MPM）

　店舗に設置されたQRコードを、ユーザーが専用アプリで読み込んで決済する方式を「ユーザースキャン型（MPM：Merchant Presented Mode）」といいます。一般的に紙に印刷されたQRコードを利用するため、店舗側は導入しやすく、金額入力もユーザー自身がアプリ内で行うため、オペレーションの手間がかかりません。また、電源がなくても利用できるため、屋台や市場に設置したり、配達員が携帯したりするなど、さまざまなシーンで活用されています。

　このように便利なMPM方式ですが、POSレジとの連動ができないため、中小零細企業で導入されるケースが多く、大手小売業や流通業などではあまり導入されていないのが実情です。

マーチャントスキャン型（CPM）

　ユーザーが提示したQRコードを店舗側が読み込んで決済する方式を「マーチャントスキャン型（CPM：Consumer Presented Mode)」といいます。店舗用の専用アプリをスマートフォンやタブレットにダウンロードして利用したり、専用端末やPOSレジのリーダーで読み込んだりするなど、QRコードの読み込み方法はさまざまです。

　CPM方式は、「店舗アプリは費用がかからず導入しやすい」「専用端末は導入コストがかかるが電子マネーやクレジットカード利用にも併用できる」「POSレジ連動は在庫に紐付いたデータ管理ができるが開発コストが高い」などの特徴があるため、企業規模や業種によって最適な方法が採用されています[18]。

[18] ユーザースキャン型とマーチャントスキャン型

ユーザースキャン型
ユーザーが専用アプリで店舗のQRコードを読み取り、金額を入力する

120円

マーチャントスキャン型
店舗側にバーコードを提示して読み取ってもらう

◆QRコード決済自体のセキュリティは高い

　QRコード決済の本格普及にともない、セキュリティ面の強化や制度の整備が進められています。QRコード決済は、クレジットカード情報をアプリに登録して使用するため、カード情報の流失や盗難、スキミングのリスクはほとんどありません。また、ユーザーがスマートフォンに表示するQRコードはワンタイムパスワード型のため、表示してから一定時間を過ぎると無効となります。他人が撮影したりスクリーンショットを取ったりして不正に利用される被害を防ぐしくみになっています。

　決済そのもののセキュリティは高いですが、2018年末に、不正に入手した他人のクレジットカード番号をアプリに登録し、決済が行われるというケースが多発しました。カード情報の流出はクレジットカードのセキュリティが問題でしたが、QRコード決済は決済時に本人確認がないため、不正利用が発覚しても犯人の特定が難しいことが問題視されました。

　こういった過去の不正利用に鑑み、2019年4月、経済産業省も加わるキャッシュレス推進協議会では、QRコード決済における不正利用防止対策についてのガイドラインが策定・交付され、決済事業者へ遵守を徹底するように通達されました。ガイドライン内では、「アカウント発行時の本人確認の徹底」「カード情報登録時のセキュリティコードの入力回数制限」「登録できるカード枚数の制限」などが策定されています。また、クレジットカード事業者においても、QRコード決済サービス事業者と連携して不正対策を行うなど、より高いセキュリティレベルでキャッシュレスが普及できるように推進しています[19]。

[19] 不正利用を防ぐための対策が取られている

クレジットカード情報が盗まれて決済に利用されてしまうおそれがある

対策

本人確認を徹底

セキュリティコードの入力回数を制限

登録可能なカード枚数を制限

SECTION 11

暗号資産

これまで現金に代わる支払い手段について解説してきましたが、
ここではお金そのものの在り方を変える可能性がある「暗号資産」について
触れていきましょう。

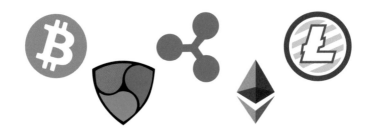

◆暗号資産とは

　暗号資産とは、日本円のように、日本国家が信用の担保であり、価値を保証している「法定通貨」に対して、特定の国家に価値を保証されていない通貨です。2019年5月に成立した「改正資金決済法」において、暗号資産は以下のように定義されています。

①不特定の者に対して、代金の支払い等に使用でき、かつ、法定通貨（日本円や米国ドル等）と相互に交換できる

②電子的に記録され、移転できる

③法定通貨又は法定通貨建ての資産（プリペイドカード等）ではない

　もともとは「仮想通貨」や、その安全性を確保するために暗号化技術が使われていることから「暗号通貨」とも呼ばれていましたが、2018年のG20サミットにおいて、法定通貨と明確に区別するために「Crypto Assets＝クリプトアセット（暗号資産）」と呼称されたことを受け、日本においても改正資金決済法において正式に名称が変更されました。

◆暗号資産の特徴

　暗号資産は特定の国家に価値を保証されていない通貨ですが、<u>法定通貨との相互交換が可能です</u>。その理由のひとつに、<u>ブロックチェーンを基盤とした強固なセキュリティ面が信用の担保となっている</u>ことが挙げられます。

　ブロックチェーンとは、ビットコインの中核をなす技術のことで、分散暗号化台帳とも呼ばれています。暗号化した取引情報が入ったブロックが連続して成り立っており、取引情報を改ざんするためには、後続のすべてのブロック情報も改ざんしなければならず、改ざんが非常に困難なものとされています[20]。

　そのほかの特徴としては、<u>少額決済が可能</u>な点が挙げられます。暗号通貨は銀行機関のように第三者を経由しないため、手数料が低く、かつ営業時間のような概念もありません。中国系決済の WeChat Pay の個人間送金を考えるとイメージしやすいでしょう。

[20] ブロックチェーンのしくみ

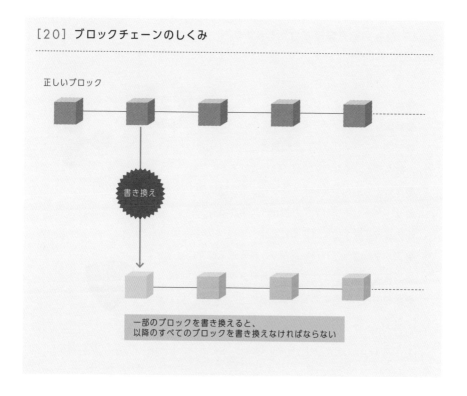

正しいブロック

書き換え

一部のブロックを書き換えると、
以降のすべてのブロックを書き換えなければならない

◆暗号資産の現在と未来

　法定通貨と相互交換が可能な暗号資産ですが、現時点では、実際に商品を購入したり支払いに使用したりといった、実利用できる場面が少なく、円やドルのように通貨として流通していません。本来の通貨が持つべき役割を持たない暗号資産が高い価値を持つ理由は、その期待値への価値であり、いわゆる投資商品としてしか成り立っていないといえます。期待値が高まればその価値はさらに高まっていきますが、流出トラブルなどのネガティブな要素が露見すると途端に値崩れを起こす、通貨本来のあるべき姿とは非なる存在となっています。

　しかし、暗号資産を基盤とした新たなビジネスモデルの創出や、QRコード決済のように多くの場所で利用できる通貨になり得る可能性を大いに秘めていることは確かです。変革を求めるスピードが早まっている現代において、暗号資産が通貨本来の価値を持つ日はそう遠くないかもしれません[21]。

［21］現在の暗号資産が抱えるリスク

- ●法的根拠に関するリスク
- ●健全なガバナンスに関するリスク
- ●マネーロンダリング、テロ資金、
　およびその他の不正金融に関するリスク
- ●決済システムの安全性・効率性・完全性に関するリスク
- ●サイバーセキュリティと回復性に関するリスク
- ●市場の不完全性に関するリスク
- ●データのプライバシー、保護、携帯性に関するリスク
- ●消費者／投資家の保護に関するリスク
- ●租税の法令遵守に関するリスク

2019年10月に公表されたG7ワーキンググループによる報告書より

SECTION 12

地域通貨

2000年代から地方創生を目的に登場し、
一時は600以上存在するともいわれた地域通貨ですが、
暗号資産の登場により、あらためて注目されています。
ここではブロックチェーンの活用も視野に入れられている
「電子地域通貨」について解説していきます。

特定の地域で
使える通貨

◆地域通貨とは

　地域通貨とは、特定の地域やコミュニティのみで、物やサービスの対価として
決済に使用できる通貨のことです。地域内での経済活性化を目的に、もともとは
法定通貨で取引をしづらい地域ボランティアやリサイクル品の対価として利用で
きるものでした。しかし、カード発行費用などの初期費用が高く、カードを発行
しても利用できる場所が少ないなどの問題点があったことから、地域に密着しづ
らく、その存在価値は徐々に薄くなっていきました。

　そのような中、紙の地域通貨や電子マネーなどよりも発行や管理コストが安価
なブロックチェーンを利用した地域限定の「地域仮想通貨」が2017年頃から登場
し、実証実験なども行われています。

◆さるぼぼコインの成功例

　2017年12月に運用が開始された「さるぼぼコイン」は、岐阜県の高山市、飛騨市、白川村限定で利用できる、飛騨信用組合が発行した電子地域通貨です。さるぼぼコインでは最終的に開発期間の長さから採用が見送られたものの、実証実験の段階ではブロックチェーンが活用されていました。支払いは専用スマホアプリによるMPM方式のQRコード決済を採用しているため、加盟店は静的QRコードを設置するだけで費用をかけずに導入できます。

　現在は加盟店が1,000店舗を超えており、ユーザーどうしの個人間送金に加えて、飛騨市では市県民税、固定資産税、国民健康保険料、水道料金までをも支払えるようになるなど、地域内の経済圏ができつつあります[22]。飛騨高山エリアは年間450万人の観光客が訪れる人気の観光地ですが、訪日外国人も含めた観光客に、いかにさるぼぼコインを利用推進できるかが今後の課題となっています。

［22］さるぼぼコインのしくみ

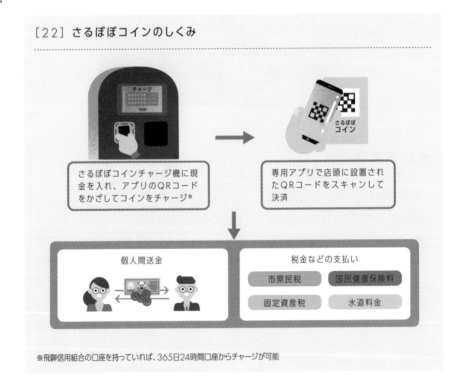

さるぼぼコインチャージ機に現金を入れ、アプリのQRコードをかざしてコインをチャージ※

専用アプリで店頭に設置されたQRコードをスキャンして決済

個人間送金

税金などの支払い

市県民税　　国民健康保険料

固定資産税　　水道料金

※飛騨信用組合の口座を持っていれば、365日24時間口座からチャージが可能

PART

3

キャッシュレス決済の構図

クレジットカード業界の
しくみ

今やクレジットカードは当たり前のように使われ、
日常生活を便利にしてくれています。
クレジットカード業界の領域には、さまざまな役割を持つ会社が存在しています。

◆クレジットカードの主な会社

　クレジットカード発行会社や加盟店管理会社、国際ブランド……クレジットカードの会社といってもその業務形態はさまざまです。ここでは各業態とその役割について見ていきます。

イシュア

　イシュアとは、利用者にクレジットカードを発行する事業者のことです。VISA、JCB、Mastercardなどの国際ブランドと混同されがちですが、イシュアの役割はこれら国際ブランドと契約し、ブランドごとの決済機能を付帯したクレジットカードを発行することです。

　イシュアの業務はカード発行業務のほかに、新規会員の獲得、ポイントサービスの管理・運営、利用明細の発行、カード会員の口座から代金を引き下ろすなどさまざまで、クレジットカード業務の役割の大半をイシュアが担っています。そのためイシュアは、「クレジットカード会社」と呼ばれることが多々あります[01]。

アクワイアラ

　アクワイアラとは、加盟店を新規開拓して増やしていくことを主な役割としています。獲得した加盟店に対して、クレジットカード決済ができるシステムを導入し、教育を行います。また、加盟店から売上データを取得し、加盟店に対する入金を行う業務もアクワイアラが担っています。日本の場合、クレジットカード会社がイシュアとアクワイアラを兼ねて両方の業務を行っている場合がほとんどです[02]。

［01］ イシュアの役割

クレジットカードの発行

カード会員の獲得

入会審査

カード会員の管理

イシュア独自特典の提供

アクワイアラへの入金

［02］ アクワイアラの役割

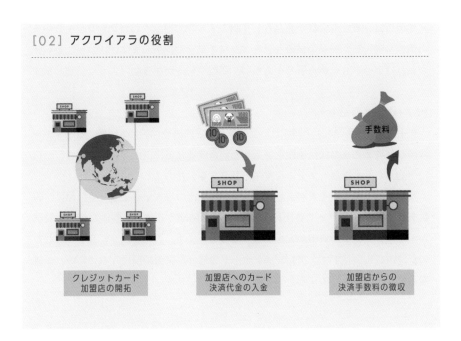

クレジットカード
加盟店の開拓

加盟店へのカード
決済代金の入金

加盟店からの
決済手数料の徴収

国際ブランド

クレジットカードの国際ブランドとは、VISAやMastercardのような国際的な決済ネットワークを持ったクレジットカードブランドを指します。国際ブランドの主な業務は、世界中の加盟店で使えるように決済ネットワークを整備・提供したり、ライセンス業務を管理したり、国際ルールの作成・運営を行ったりなどです[03]。

そのほかにも、国際ブランドはカード会員に対してブランド独自の特典サービスを提供しています。たとえば、「SAISON PLATINUM AMERICAN EXPRESS CARD」には、一流レストランやホテルで優待を受けられるサービスが付帯していますが、これはクレディセゾン（イシュア）ではなく、アメックス（国際ブランド）が提供するサービスです。

加盟店

クレジットカードを利用できる店舗やWebサービスのことを、そのクレジットカードの「加盟店」といいます。通常加盟店では、使えるカードブランドのマークをカード利用者がわかりやすい場所に表示しています。

加盟店は、カード会員が商品などを購入する際、提示されたクレジットカードの情報や購入した商品の値段などをアクワイアラに提供します。決済可能と判断されればカード会員から署名をもらい、盗難や紛失が起きないように管理します。

PSP（決済代行会社）

PSP（決済代行会社）とは、クレジットカード決済やコンビニ決済、電子マネー決済などさまざまな決済手段を導入したい事業者と各決済機関の間に立ち、一括で契約したり、管理システムを提供したりする会社のことです。

たとえば、ある事業者がクレジットカード決済の導入をしようとした際に、複数あるクレジットカード会社と1社ずつ契約を結ぼうとすると膨大な手間と時間がかかり、業務上の負担が大きくなってしまいます。この負担を軽減してくれるのが決済代行会社です。クレジットカード会社と事業者の間に入ることで、煩雑な手続きをひとまとめにし、やり取りを簡素化します。

[03] クレジットカードのしくみ

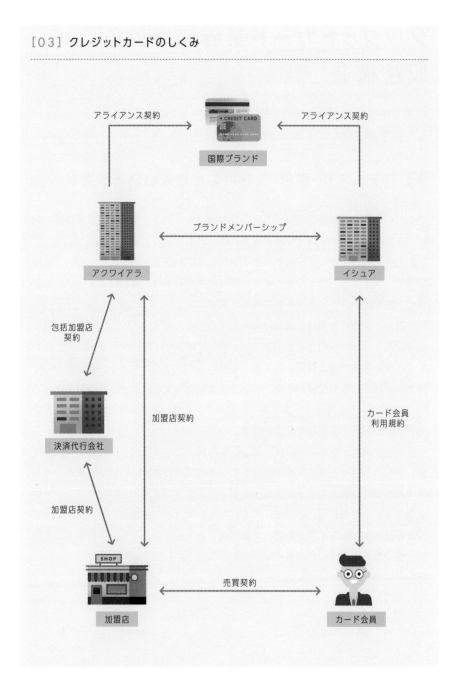

クレジットカード業界における
収益構造

PART2でクレジットカード業界のしくみと各プレイヤーを紹介しました。
ここでは、実際に発生しているお金の流れについて見ていきましょう。

◆システム開発・運用・保守に欠かせない決済手数料

　クレジットカード決済にかかわる収益構造について、まずは加盟店が決済に対して支払う加盟店手数料（決済手数料）から流れを追って見ていきましょう。

　加盟店手数料は加盟店からアクワイアラへ支払われますが、この加盟店手数料にはアクワイアラだけでなく、イシュアへの手数料も含まれています。イシュアへの手数料はアクワイアラから支払われます。

　アクワイアラは加盟店から受け取った手数料の一部を、VISAやMatercardなどの国際ブランドへのライセンスフィーや、そのネットワーク利用料に充てています。また、加盟店を管理したり新しく開拓したりするコストや、そのためのシステム運用費にも加盟店から受け取った手数料を充てています。信用照会を行う「カードオーソリ・売上データプロセシングネットワーク」に問い合わせを行う際の費用も手数料でまかなわれています。

　イシュアはアクワイアラ同様、加盟店から受け取った手数料の一部を、国際ブランドへのライセンスフィーやネットワーク利用料に充てています。また、カードの新規発行コストやポイントなどのインセンティブコスト、信用コスト、会員管理コストや会員管理に必要なシステムの運用コストにも使われています。イシュアのほうがアクワイアラに比べて運営にコストがかかるため、加盟店から受け取った手数料の配分割合が多くなることが多いです[04]。

[04] 手数料の流れ

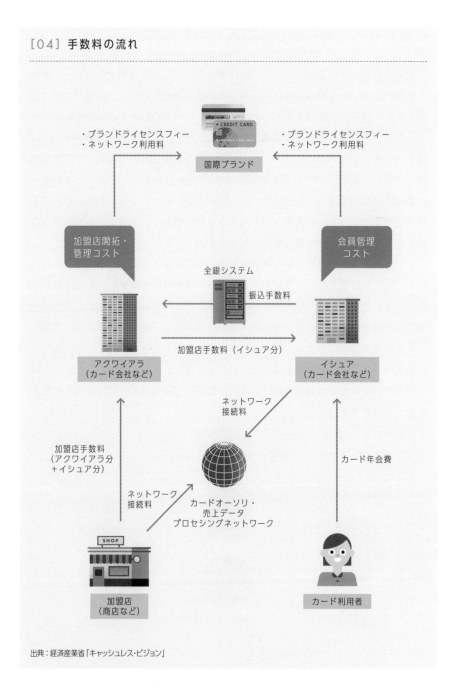

- ブランドライセンスフィー
- ネットワーク利用料

国際ブランド

- ブランドライセンスフィー
- ネットワーク利用料

加盟店開拓・管理コスト

会員管理コスト

全銀システム

振込手数料

加盟店手数料（イシュア分）

アクワイアラ（カード会社など）

イシュア（カード会社など）

ネットワーク接続料

加盟店手数料（アクワイアラ分＋イシュア分）

ネットワーク接続料

カードオーソリ・売上データプロセシングネットワーク

カード年会費

加盟店（商店など）

カード利用者

出典：経済産業省「キャッシュレス・ビジョン」

SECTION 14 クレジットカード業界における収益構造

◆維持するためにかかるコストはさまざま

決済手数料がクレジットカードの発行や決済にかかわる国際ブランド、アクワイアラ、イシュアなどの収益につながっているのは確かですが、各々が安全で便利なネットワークを維持するためには、ネットワークやシステムの運用といった、メンテナンスにかかる費用を見逃してはいけません。たとえば、国際ブランドのひとつであるVISAのネットワークは、24時間止まることなく莫大な取引数を処理しており、最大56,000取引を1秒間に処理できるといわれています。このような処理能力を絶え間なく安全に行うことは容易ではありません。ネットワークを健全な状態に保つための運用コストがかかるだけでなく、より高い処理能力を達成するための研究・開発費も必要になります。

アクワイアラが加盟店を新規開拓することでクレジットカードを利用できる店舗やサービスが増え、イシュアがクレジットカード会員を増やし、利用が広がることでカードブランドも魅力的なものとなります。当然のことながら、加盟店や会員の新規開拓とその管理にはコストがかかりますし、情報を管理するためのシステム構築や運用にもコストがかかります。クレジットカード決済にともなう決済手数料を見てみると、加盟店が売上に対して支払う決済手数料は決して安くはないものの、安全かつ便利な決済システムを利用するために必要なコストと考えることができます[05]。

[05] **クレジットカード決済にかかる主なコスト**

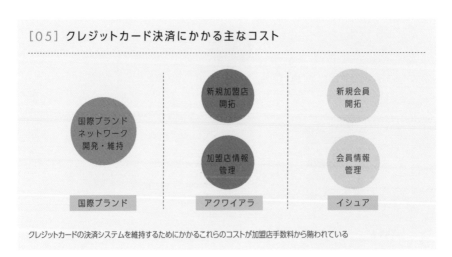

クレジットカードの決済システムを維持するためにかかるこれらのコストが加盟店手数料から賄われている

◆日本における決済事業の事業構造

　アメリカやヨーロッパでは、1つの加盟店に対して1つのアクワイアラのみの「シングルアクワイアリング方式」が一般的ですが、日本においては、商慣習上、複数のアクワイアラが存在する「マルチアクワイアリング方式」が取られています。この方式は加盟店と独占的な契約を締結できないケースが多く、加盟店が大規模事業者であるほど市場の競争原理が働きます。そのため、取引規模の大きい大規模事業者の加盟店手数料は安くなり、中小・零細事業者であるほど加盟店手数料は高くなります。

　このように、取引高は多いけれども収益の低い大規模事業者と、収益は取れるもののそもそもの取引高が低い中小・零細企業が顧客となるため、クレジットカード事業者をはじめ、QRコード決済なども含めた決済サービスは、事業全体では収益性の低い事業モデルになっています。また、前述したように多様な費用が必要な背景もあることから、新たな投資やサービス利用料の引き下げには慎重にならざるを得ない環境となり、小規模事業者にキャッシュレスが広まらない原因の1つとなっています。

　一部の国際ブランドでは、日本国内においてもシングルアクワイアリング方式を取っているブランドも存在しますが、大規模事業者が市場価格を形成することから、結果的に当該ブランドの加盟店手数料も、大規模事業者向けの加盟店手数料の水準に合わせられる傾向になっています。

　現在多くの決済事業者、とくにコード決済事業者は決済手数料の無料キャンペーンやユーザーへのポイント還元など、加盟店やユーザーの獲得に多額のコストを投資していますが、収益面から見ると、決済事業者として適切な運営がなされている事業者は少ないといえます。しばらくはこのような状態が続くと考えられるため、健全な経営のためにも加盟店やユーザーへのキャンペーンを抑えていく必要性がありますが、その際にどれだけのユーザーを定着させられているか、ブランドや事業統合の動きなど、その動向に注目する必要がありそうです。

SECTION 15

現金管理のコスト

キャッシュレス化推進の理由のひとつに、
現金決済のインフラを支えるために莫大な費用がかかっていることが挙げられます。
一体どのようなコストが発生しているのでしょうか。

◆現金の製造コスト

　私たちが普段使用している硬貨（貨幣）や紙幣（日本銀行券）には製造コストがかかっています。財務省による日本銀行券製造計画によると、2019年度の製造枚数は合計30億枚で、うち一万円札が10億枚、五千円札が2億4,000万枚、千円札が17億6,000万枚となっています。日本銀行券の製造原価は、日本銀行が国立印刷局から買い上げる価格を指しています。2019年度の日本銀行の決算書によれば、「銀行券製造費」は520億円にも上っています[06]。

[06] 平成31年度の紙幣・貨幣の製造計画

紙幣		貨幣	
種類	枚数	種類	枚数
一万円	10億枚	五百円	2億700万枚
五千円	2億4,000万枚	百円	3億5,000万枚
千円	17億6,000万枚	五十円	8,200万枚
合計	30億枚	十円	2億7,500万枚
		五円	5,600万枚
		一円	100万枚
		合計	9億7,100万枚

平成31年4月1日財務省発表
＊ほかに2020年東京オリンピック・パラリンピック競技大会記念貨幣（2次発行分）の千円貨（30万枚）、百円貨（2,368万8千枚）を発行

◆ATMの管理コスト

　日本でキャッシュレスの普及率が低い理由に、ATMの設置台数の多さが挙げられます。どこでも好きなときに現金を下ろせる環境はとても便利ですが、ATMはシステムの管理、またそのシステム運営にともなうコストで、年間を通して莫大な費用が発生しています。

　全国銀行協会によると、ATMは銀行や信用金庫などを合わせて約13万7,000台、コンビニで5万5,000台となり、合計すると全国で20万台近くのATMが稼働しています。ATM1台の価格は約300万円ほどですが、ATMを管理する人件費のほか、監視システム1台につき毎月約30万円の費用が発生しており、年間で総額約7,600億にも上るといわれています[07]。

[07] 国内で稼働するATMにかかる推計コスト

ATM機器費
2,500億円
※主要ATM機器製造業者の
売上高より推計

ATM警送会社委託費
1,400億円
※国内ATM設置台数20万台×
警送会社業務委託費70万円/台
（ALSOK社IRデータよりNRI推計）

ATM設置費
1,620億円
※国内ATM設置台数20万台×
ATM設置支払手数料81万円/台
（セブン銀行IRデータよりNRI推計）

ATM事業運営経費
1,460億円
※国内ATM設置台数20万台×
その他役務取引費雑費・
営業経費73万円/台
（セブン銀行IRデータよりNRI推計）

出典：平成29年度産業経済研究委託事業（我が国におけるFinTech普及に向けた環境整備に関する調査検討）調査報告書
（株式会社野村総合研究所コンサルティング事業本部）

◆店舗での管理コスト

　実店舗を運営する中小事業者では、現金管理のためにさまざまな業務が発生し、多くの時間を取られています。

　ある飲食店の1日を例に見てみましょう。開店前にはレジを開け、釣銭の用意をします。ランチ営業後は前日分と合わせた売上金を銀行へ入金しに行き、閉店後にはレジのお金をすべて集計して、実際の売上との照合を行ういわゆる「レジ締め」を行って1日の業務が終了します。本社では月次で売上の締め作業を行いますが、クレジットカードやQRコード決済など、決済会社ごとの売上データと各店舗の売上データの照合作業も発生しています。

　日本においては現金を管理するための人件費はもちろんですが、レジ本体や、店舗に設置している監視カメラの費用すべてを含めると、年間で6,100億円ほどかかるといわれています[08]。

[08] 店舗の現金管理にかかる推計コスト

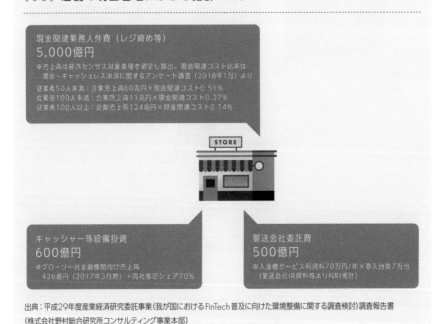

現金関連業務人件費（レジ締め等）
5,000億円
※売上高は経済センサス対象業種を推定し算出。現金関連コスト比率は
現金・キャッシュレス決済に関するアンケート調査（2018年1月）より
従業者50人未満：企業売上高60兆円×現金関連コスト0.51%
従業者100人未満：企業売上高11兆円×現金関連コスト0.27%
従業者100人以上：企業売上高124兆円×現金関連コスト0.14%

キャッシャー等設備投資
600億円
※グローリー社金融機関向け売上高
426億円（2017年3月期）÷同社推定シェア70%

警送会社委託費
500億円
※入金機サービス利用料70万円/年×導入台数7万台
（警送会社IR資料等よりNRI推計）

出典：平成29年度産業経済研究委託事業（我が国におけるFinTech普及に向けた環境整備に関する調査検討）調査報告書
（株式会社野村総合研究所コンサルティング事業本部）

◆キャッシュレス化によるコスト削減

　これまで挙げた以外にも、銀行の窓口業務や保管費用、現金の輸送や警備など、現金決済インフラを維持するためのコストが1兆円、取り扱いコストなども含めると8兆円を超えるといわれていますが、キャッシュレス化にすることで、このうちの約4兆円を削減できるとされています。

　キャッシュレス先進国のスウェーデンでは、キャッシュレスの取り扱いに限定した店舗が増え、国民の4人に1人がATMを1年に一度も使っていない状態です。また、一部の銀行では、もともと現金保管のために使われていた金庫の場所が空き、事務所スペースとして使用しているケースもあるようです。

　このように、技術と環境の整備によってキャッシュレス化が進んでいくと多くのコスト削減が期待でき、よりキャッシュレス化推進の速度を早められる好循環に入っていけるでしょう[09]。

[09] キャッシュレス比率とコストの連動性

キャッシュレス比率とコストが比例するコスト	固定コストと変動コストのハイブリッド型	100%キャッシュレス化すればなくなる固定コスト
・警送会社委託費（現金輸送・ATM現金補填、ATM監視） ・金融機関窓口人件費（接客・伝票処理・出納）	・レジ締め作業 ・ATM機器（ハード／ソフト） ・ATM設置手数料 ・銀行券製造委託費 ・貨幣製造コスト	・紙幣鑑別機 ・出納機・システム ・レジ（キャッシャー） ・自動券売機 ・計数機 ・ATM事業運営経費 ・警送会社委託費（売上回収） ・偽造紙幣損害

出典：平成29年度産業経済研究委託事業 (我が国におけるFinTech普及に向けた環境整備に関する調査検討)調査報告書
(株式会社野村総合研究所コンサルティング事業本部)

顧客の信用力

クレジットカードの発行や各種決済サービスを利用する際は、
事業者側が顧客の信用審査を行います。
どのようなしくみで行われているのでしょうか?

◆クレジットカードの審査方法

　クレジットカードの審査は、申込者の年収や職業などのさまざまな情報から総
合的に判断されます。クレジットカード会社によっては独自の審査基準が設けら
れているところもありますが、一般的には「3C」(Capacity=資力、Character
=性格、Capital=資産)という考え方を軸に信用力が判断されています[10]。
審査方法には「自動審査」と「手動審査」の2つがあり、自動審査では「Capacity」
と「Capital」が、手動審査では「Character」が審査の対象となります。

[10] 審査に欠かせない「3C」

Capacity (資力)	Character (性格)	Capital (資産)
返済能力を判断するもので、一定の収入があるかどうかが判断される。いちばん重要な判断基準とされている	きちんと返済できるか、延滞しないかなど、お金に関する信頼性が判断される	車や不動産、貯蓄など、いざというときに負債の担保となる資産を保有しているかどうかが判断される

自動審査

　各カード会社にはそれぞれ年収や職業など、申込項目のすべてに評価指数が設定されており、これを元に申込者の評価の総合点を算出（スコアリング）しています。スコアリングはシステムで自動的に行われ、その際にチェックされる項目が「Capacity」と「Capital」です。Capacityでは年収や収入の安定性から申込者の返済能力がチェックされ、Capitalでは申込者の資産がチェックされます[11]。

手動審査

　自動審査に通過した申込者は手動審査へと回され、カード会社の審査担当者は申込者の情報をもとにしてカード発行の可否を判断します。手動審査では3Cのうち、「Character」のチェックが行われます。申込者がカードの利用額を遅れることなく返済できるかどうかを判断するもので、カード会社は申込者が申告した勤務先に実際に在籍しているかを確認する「在籍確認」、過去に支払いの遅延や滞納、その他トラブルを起こしていないかを確認する「自社情報の確認」と「個人信用情報の開示」を行います。

　個人信用情報とは、カード会社が住所や氏名などの個人情報のほか、直近のカード利用額や返済状況など、個人信用情報機関に登録されている情報のことで、これらの情報はすべてのカード会社が閲覧できるシステムになっています。

[11] 自動審査の項目

Capacity	
審査項目	審査基準
職業・職種	安定した給料・年収が得られる、正社員が高く評価される
年齢	年齢が若いほど高く評価される
勤務先の規模	大手企業や上場企業など、勤務先の規模が大きいほど評価される
勤続年数	同じ会社に勤めている年数が長いほど評価される
年収	年収が高いほど評価される
他社借入額	他社借入額が多いほど評価が下がる

Capital	
審査項目	審査基準
住居形態	持ち家、社宅、賃貸マンション、公営住宅の順で評価が低くなる
居住年数	長ければ長いほど評価される
家族構成	独身実家住み、既婚（親と同居）、既婚（親と別居）、独身一人暮らしの順で評価が低くなる

キャッシュレス決済に
かかわる法律

さまざまな事業者がQRコード決済を始めとする
Fintech事業に参入しています。
事業者に必要な資格や、
それに関する法律について見ていきましょう。

◆ 割賦販売法

　割賦販売法とは、クレジットカードやローン提携販売などの割賦販売における、公正で健全な取引の維持と消費者の保護を目的とした法律です。しかし近年、クレジットカードを取り扱う加盟店におけるクレジットカード番号の漏えいや、不正使用被害などの増加、カード発行会社と加盟店との契約を締結する会社が別会社となる「オフアス取引」といわれる形態が一般化したことで、加盟店の管理が行き届かないケースが出てきています。それを受け、2018年6月1日に「改正割賦販売法」が施行されました。

　改正割賦販売法では、安全にクレジットカードを利用できる環境を実現するため、加盟店にクレジットカード番号などの取り扱いを認める契約を締結する事業者は、一定の要件を満たす場合に「クレジットカード番号等取扱契約締結事業者」への登録を義務付けられています。QRコード決済事業者が決済代行業者としてQR決済を利用する加盟店との間でクレジットカード契約を締結する場合、決済代行業者が加盟店との契約締結について、アクワイアラから包括的に授権され、実質的な最終決定権限を有します。加盟店管理を行う場合（いわゆる包括代理店）には、クレジットカード番号等取扱契約締結事業者としての登録が必要です。一方で、決済代行業者の業務が一次審査を行うにとどまり、最終決定権限をアクワイアラが留保している（登録アクワイアラの下で加盟店管理業務の一部を行う）場合には登録不要とされています。

　さらに、加盟店などに対しても、クレジットカード番号などの適切な管理（非保持化）や不正使用対策が義務付けられました。各アクワイアラの規定によって

は、飲食店などでよく見かけるような、会計時に席で店員がクレジットカードを預かり、レジで決済して戻ってくる行為も、これに抵触する場合があります。また、偽造カードによる不正利用対策として、2020年3月までにクレジットカードの「100%IC化」と店頭の決済端末の「100%ICカード対応」の実現が求められています[12]。

［12］改正割賦販売法が課す義務

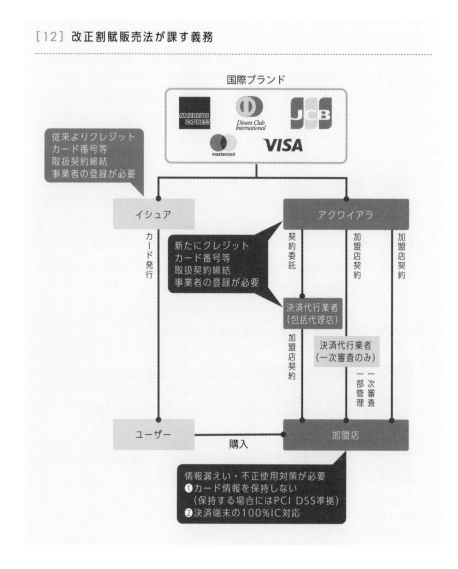

◆資金決済法

　資金決済法は、利用者の多様なニーズに応えるために、資金決済サービスの拡充とその運営を目的として制定された法律で、「前払式支払手段」「資金移動業」「資金清算業（銀行間の資金決済の強化・免許制）」を内容とし、2010年4月1日に施行されました。

　前払式支払手段とは、事前にお金を払っておき、買い物時に決済するというもので、Suicaなどの交通系ICカード、楽天Edyやnanacoなどの電子マネー、Amazonギフトカード、商品券やプリペイド式のQRコード決済が該当します。これらを発行する事業者は、前払式支払手段の発行事業者として金融庁に登録する必要があります。自家型発行者（発行者の店舗においてのみ利用可能な場合）は3月末／9月末の時点で未使用残高が1,000万円を超えたときに、第三者型発行者（発行者以外の第三者の店舗においても利用可能な場合）は発行前の時点で金融庁への登録が必要です。

　個人間送金サービスなどが代表される資金移動業では、銀行などの免許を受けずとも事前に金融庁の審査を受けることで、資金決済法に登録した事業者は、資金移動業者として少額の為替取引（1回あたり100万円以下）を行うことが可能となりました。事業者は金融庁への登録に加え、送金途中にある滞留している資金の100％以上の額を履行保証金として保全する義務があります［13］。

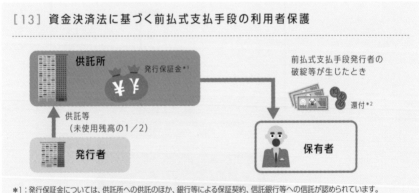

［13］資金決済法に基づく前払式支払手段の利用者保護

供託所
発行保証金*1
¥

前払式支払手段発行者の
破綻等が生じたとき

還付*2

供託等
（未使用残高の1／2）

発行者

保有者

＊1：発行保証金については、供託所への供託のほか、銀行等による保証契約、信託銀行等への信託が認められています。
＊2：前払式支払手段の保有者は、発行保証金についてほかの債権者に先立ち弁済を受ける権利を有しています。
出典：「新たな資金決済サービス」パンフレット（金融庁）

◆新たなサービスと法規制

　近年、フリマアプリやクラウドファンディング、シェアリングエコノミーなど、多くのCtoCサービスが登場しています。これらのプラットフォームビジネスは、ユーザー間の金銭的なやり取り（フリマアプリ内で商品を購入するなど）を事業者が収納代行する形態になりますが、この収納代行形態のサービスも資金決済業にあたる可能性があるとされています。

　各社のサービス内でオリジナルのポイントを購入し、そのポイントを利用して商品を購入するなどのサービス変更の対応を取っていますが、厳しい規制が入った場合、供託のための問題などで、資金力が豊富でないいわゆるスタートアップ企業の参入が難しくなる可能性が高まります。CtoC収納代行への規制は、国内のプラットフォームビジネスの競争力低下とイノベーションの阻害を招くおそれがあり、各所から規制に対する反対意見も多く出ています。現状では「実質的に個人間送金に該当するようなものは資金移動業の規制対象とすることが適当」とその規制対象を一部に限定する判断がされていますが、これからの新たな技術やサービスの発展のためには、法整備の側面でも、同じだけの速度感と柔軟性が求められています[14]。

[14] 資金移動業者に求められるハードル

利用者保護

資金移動業者は、滞留資金の全額以上に相当する額の履行保証金を供託すること等が義務付けられており、万一、資金移動業者が破綻した場合等には、履行保証金から配当を受けることで、利用者保護が図られます。

→ 送金途上にある金額以上の供託金（または履行保証契約）が必要

本人確認

資金移動業者が提供する資金移動サービスを利用する場合には、運転免許証等による本人確認が必要となる場合があります。
※10万円を超える現金の受払いを伴う送金や、資金移動サービスを利用するために送金用口座を開設する場合など

→ 利用開始時に本人確認書類を用いた厳格な本人確認が必要

キャッシュレス化推進のための組織やアライアンス

キャッシュレス化推進のために、
その業界団体や企業間のアライアンスも次々に発足しています。
代表的な団体の構成と、その目的やビジョンを見ていきましょう。

◆キャッシュレス推進協議会

　経済産業省は、キャッシュレスを推進するための課題と今後の方向性に関する議論を行い、2018年4月に「キャッシュレス・ビジョン」を公表しました。その中では、2025年の大阪・関西万博に向けて「支払い方改革宣言」が提示されており、「未来投資戦略2017」で目標としていたキャッシュレス決済比率40%を前倒しすることで、より高い決済比率を実現すると宣言されています。

　キャッシュレス推進協議会は2018年7月に設立された一般社団法人で、国内外の関連諸団体や関係省庁などとの産学官が相互連携を図り、キャッシュレスに関するさまざまな活動を通じてキャッシュレス社会を実現することを目的にしています。2019年7月末時点で368の会員（団体）が協議会に参加しており、本格的にキャッシュレス化が進んでいます。

　キャッシュレス推進協議会では、個別のテーマに基づいたプロジェクトが年度を通して実行されています。2018年度はキャッシュレスの方向性を示す「キャッシュレス・ロードマップ2019」や、QRコード決済に関する技術仕様、不正利用防止などの各種ガイドラインを策定し、公表しました。2019年度は、経済産業省による「キャッシュレス・消費者還元事業」の事務局として、当該事業の運用を担い、キャッシュレスの普及促進を目指しています。

◆統一規格でキャッシュレス化の進展を担う

　JPQRとは、キャッシュレス推進協議会が策定したコード決済統一規格で、国内の乱立するQRコード決済の仕様を統一し、1つのQRコードで対応できるようにすることを目的としています[15]。MPM方式で利用可能な決済ブランドは、2019年10月1日時点でメルペイ、Origami Pay、J-Coin Pay、au PAY、ゆうちょPay、YOKA!Pay（ゆうちょPay、YOKA!Payはいずれかを選択）となっており、d払いが12月以降に、LINE Payが2020年2月末に対応予定です。

　各社のQRコードを統一することで、店舗やユーザーの利便性を向上させることを目的としていますが、現在QRコード決済領域で高いシェアを誇るPayPayはMPM方式には不参加で、楽天PayにおいてはMPM、CPMともに参画していません。また、中国系決済ブランドのAlipayやWeChat Payも同時申込が可能ですが、こちらはそれぞれブランド独自のQRコードが必要になっています。すでに自社QRコードを数多く普及させているブランドは、現状では配布済みのQRコードをJPQRに統合していく動きが見られず、各社それぞれで温度差があるようです。今後の本格的な普及には、各決済事業者の利害を一致させ、足並みをそろえて推進していく必要があるでしょう。

［15］ 1つのQRコードに共通化する「JPQR」

ゆうちょPay　J-Coin Pay　メルペイ　au PAY　YOKA!Pay　Origami Pay

JPQR

種類が多すぎてわからない……

1つのQRコードにまとめることで、ユーザーや店舗の利便性をアップ！

◆既存サービスで多くの顧客を持つ4社が連携

　メルペイとLINE Payは2019年3月に業務提携を行い、加盟店アライアンス「MoPA（Mobile Payment Alliance）」を設立しました。JPQRと同様に、QRコード決済サービスを利用する店舗や利用者にとって利便性の高いモバイル決済サービスの提供を目的としており、d払いを提供するNTTドコモ、au PAYを提供するKDDIも参画しています。MoPAでは、各社が自社アプリにおいて、他サービスのMPM方式のQRコードの読み取りや決済に対応していくと表明しており、店舗側はいずれか1つのサービスのQRコードを設置するだけで4つのサービスを取り扱えるようになります。支払い可能な店舗の拡大も見込まれ、実現すれば双方にとって大きなメリットをもたらしてくれることでしょう[16]。

[16] キャッシュレスの促進を図る「MoPA」

Mobile Payment Alliance

LINE Pay

d払い

メルペイ

au PAY

1つのQRコードで
4つのサービスが利用可能！

支払い可能店舗が拡大！

PART

複雑に絡み合う
キャッシュレス決済の
プレイヤー

続々と乱立する
〇〇ペイ

QRコード決済が盛り上がりを見せている今、
日本では〇〇ペイという決済ブランドが乱立しています。
ここでは国内外の主要なブランドを見ていきましょう。

◆ 数え切れないキャッシュレス決済のプレイヤー!?

　日本政府は、2019年10月1日からの消費税増税に合わせて、導入するキャッシュレス決済に対するポイント還元制度「キャッシュレス・消費者還元事業」を展開しました。当初116社だった登録事業者は449社にも上っており、キャッシュレス化の動きが進んでいることがわかります（2019年10月時点）。さらに、海外のQR決済ブランドが加わったことで、現在は消費者が迷ってしまうほどあらゆる種類の決済ブランドが存在しています[01][02]。

[01] 主要な国内決済事業者カオスマップ

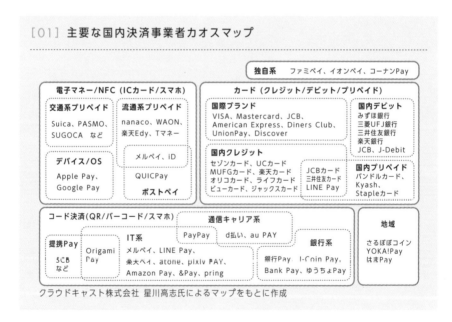

クラウドキャスト株式会社　星川高志氏によるマップをもとに作成

[02] 海外の決済事業者カオスマップ

国際	中国
VISA、Mastercard、JCB、American Express、Diners Club、Discover、PayPal、LINE Pay、Apple Pay、Google Pay	UnionPay、Alipay、WeChat Pay

アジア系

インドネシア：OVO、GoPay、iPay88　　フィリピン：GCash

マレーシア：FavePay　　シンガポール：NETSPay、GrabPay

タイ：K PLUS、SCB EASY、PromptPay、Agoda Pay、BeSureQR

台湾：街口支付、台灣Pay　　韓国：Samsung Pay、KakaoPay

インド：Paytm

日本国内

atone	メルペイ	はまPay	ゆうちょPay	ゆうちょ銀行
Paidy	Origami Pay	YOKA!Pay	pring	みずほ銀行
PayB	楽天ペイ	ファミペイ	&Pay	三菱UFJ銀行
Payme	PAY ID	pixiv PAY	favyPay	埼玉りそな銀行
PayPay	d払い	りそなPayB	SKIYAKI PAY	三井住友銀行
Amazon Pay	au PAY	Times PAY		

その他の地域（北欧）

デンマーク：MobilePay　　ノルウェー：Vipps

スウェーデン：Swish　　フィンランド：ePassi

スマホ決済の
プレイヤー

キャッシュレスの拡大にともない、
スマートフォンを活用した決済がより身近なものとなりました。
ここではスマホ決済のプレイヤーを紹介していきます。

◆続々と登場するスマホ決済のプレイヤー

　キャッシュレスで主役級の注目を浴びているのがスマートフォンを利用した決済です。主にQRコードを利用した決済が多いことから、「QRコード決済」とも呼ばれています。ここでは主なプレイヤーを紹介していきます。

PayPay

　PayPayは、ソフトバンクとヤフーが共同出資して設立したPayPay株式会社によって、2018年10月15日から利用を開始したQRコードを用いた決済サービスです。利用には専用のアプリが必要ですが、定期的にお得なキャンペーンを実施しており、中でも2018年末と2019年2月に開催された「100億円キャンペーン」では、消費者が20%の還元を受けられるとあって大きな反響を呼びました。

　また、初期導入費用は不要で、決済手数料も無料であることから、加盟店側のメリットもあります（2021年9月末以降は有料になる可能性があります）。登録者数はリリースから半年で約50万店舗、600万ユーザーにまで上り、日本でいちばん有名なQRコード決済となっています。

LINE Pay

　LINE Payは、2014年10月からアプリがリリースされ、個人間送金や割り勘機能といった多彩な機能が魅力的なサービスとなっています。コミュニケーションアプリとして多くの人が利用している「LINEアプリ」から登録が可能なため、より手軽に始められる決済サービスといえます。

　LINE Payは、月間の利用額に応じてポイント還元額が変わる「マイカラープログラム」という制度を用意しており、ユーザーは使えば使うほどお得になります。加盟店側はプリントQRコードまたは店舗用アプリを利用するか、端末利用料はかかりますがユーザーによる金額入力が不要な据置端末を利用します。

楽天ペイ

　楽天ペイは、楽天ユーザーには嬉しい楽天ポイントを実店舗でも利用できるペイアプリです。これまで楽天ポイントは、原則オンラインでの利用に限定されていましたが、楽天ペイを利用することで、貯まった楽天ポイントを実店舗でも利用することができるようになりました。

　また、楽天ペイを利用すると、楽天カードとは別にポイント還元を受けることが可能です。楽天ペイにも個人間送金機能があり機能が充実していますが、店舗によっては上限金額が4,000円までとなっているなど、使用には注意が必要です。

メルペイ

　メルペイは、フリマアプリ「メルカリ」が運営している決済サービスです。メルカリの売上金を利用した決済が可能なので、メルカリユーザーには喜ばしいサービスとなっています。PayPayなど人気の高いスマホ決済と比べると、メルペイは後発のサービスではあるものの、iDとの連携によって幅広い店舗での利用が可能になりました。

　また、QRコードだけでなく、SuicaやPASMOのようにかざすだけでスピーディーに支払いができるのも魅力的です。2019年のゴールデンウィーク期間には、ポイント50%還元キャンペーンを実施し、多くのユーザー獲得に成功しました。

pring

　pringは、友達や家族にメッセージを送るような感覚でお金のやり取りができるサービスです。送受金の機能はシンプルで、「お金をおくる」「お金をもらう」「お店ではらう」の3種類です。現状ではpringを利用できる店舗は少ないものの、銀行間のお金のやり取りが無料で行えることで人気を博しています。セブンイレブンのATMを利用すれば、1日1回、手数料無料で出金が可能です。

　pringは「お金のコミュニケーションアプリ」というキャッチコピーを掲げています。加盟店の利用手数料は他社決済ブランドと比較しても非常に安く、今後の普及が期待されている決済サービスです。

TakeMe Pay

筆者の所属する日本美食が運営しているサービスで、「世界中の決済を、ひとつに。」をスローガンに、国内外のペイメントブランドを1つのQRコードで利用できるゲートウェイサービスです。これまで紹介してきた決済サービスはごく一部にすぎません。日本ではこれからも決済サービスがリリースされる予定であり、今後さらなる乱立が予想されます。決済ゲートウェイサービスは、多様なペイメントを1つのデバイスや契約で網羅的に利用できるようにするサービスです[03]。

TakeMe Payは、国内外の20種類以上の決済を1つのQRコードにまとめています。利用に際して専用アプリのインストールや手数料は不要で、利用したい決済サービスのアプリでQRコードをスキャンするだけで決済が可能になります。加盟店にとっては導入手数料や月額固定費用が無料で、決済手数料のみの負担で利用できる点がメリットといえるでしょう。

TakeMe Payはさまざまな決済サービスに対応していますが、各社の決済手数料にTakeMe Payの手数料が追加で上乗せされることはありません。また、TakeMe Payはあくまでもプラットフォームであるため、各社の還元キャンペーンなどもそのまま受けることができます。

決済事業者が乱立する中、加盟店がキャッシュレス決済の導入に二の足を踏む理由に、レジ周りへの決済端末の設置や、決済事業者からの支払いがバラバラである点が挙げられます。TakeMe Payのような決済ゲートウェイサービスは、加盟店にとって非常に魅力的ではないでしょうか。

[03] TakeMe Payのしくみ

世界中の決済ブランドを
1つのQRコードにまとめる

読み込んで決済完了!

交通系
キャッシュレス

電車やバスを利用する人であれば、SuicaやPASMOといった
交通系ICカードを利用している人も多いかもしれません。
キャッシュレスとのかかわりについて見ていきましょう。

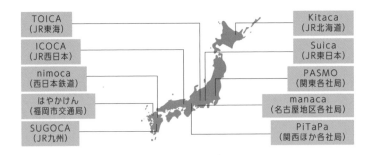

TOICA (JR東海)	Kitaca (JR北海道)
ICOCA (JR西日本)	Suica (JR東日本)
nimoca (西日本鉄道)	PASMO (関東各社局)
はやかけん (福岡市交通局)	manaca (名古屋地区各社局)
SUGOCA (JR九州)	PiTaPa (関西ほか各社局)

◆交通系ICカードの代名詞「Suica」

　Suicaに代表される交通系ICカードは、切符の代わりになるほか、コンビニなどでの支払いにも利用することができます。対応しているスマートフォンやICカードを専用の端末にかざすだけなので、かんたんかつスピーディーな支払いができますが、はたしてどのような種類や特徴があるのでしょうか？

　JR東日本は、2001年11月18日に、従来の磁気型切符からICカード式自動改札機を導入し、ICカード内蔵の「Suica」を発表しました。その特徴は、通勤ラッシュにも耐えられるように設計された、わずか0.1秒という反応速度です。キャッシュレス先進国といわれる中国では、2018年から地下鉄でQRコードをかざして改札を通過できるようになりましたが、その反応速度はSuicaにおよびません。

　全国には数十種類の交通系ICカードがあり、そのうちの10種類の交通系ICカードに電子マネー機能が備わっています。相互利用が可能なものもありますが、スルッとKANSAIが発行するPiTaPaは、電子マネーの全国相互利用には対応していません。

◆便利だが普及しない要因

　交通系ICカードは登場が早く、圧倒的な反応速度と利便性、セキュリティの高さを誇っていますが、なぜローテクであるQRコードにその座を危ぶまれているのでしょうか？　それは、交通系ICカードがハイテクであるがゆえの導入コストの高さといわれています。

　鉄道やバス会社が交通系ICカードを導入するにあたって発生する費用は数億円規模にまで上るといわれていますが、同様に店舗用のSuica決済端末にも数万円の導入費用がかかります。交通系ICカードは多くのユーザーに利用されているにもかかわらず、使える店舗が少なく、普及には至りませんでした。

　一方、今世間を席巻しているQRコード決済は、初期導入費用が0円からという驚異的な導入コストとなっています。つまり、インフラとして利用されるためには利便性だけにフォーカスするのではなく、必要とする市場のニーズに合わせた与件を満たす必要があるのです[04]。

[04] 交通系ICカードとQRコードのメリット

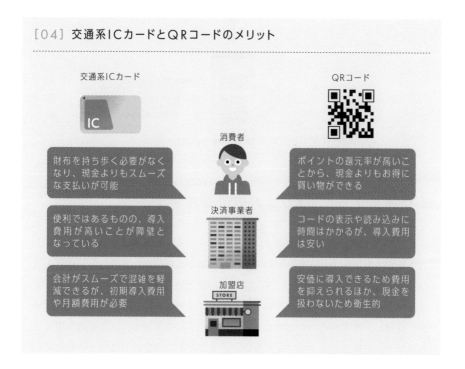

交通系ICカード

QRコード

消費者

決済事業者

加盟店

財布を持ち歩く必要がなくなり、現金よりもスムーズな支払いが可能

便利ではあるものの、導入費用が高いことが障壁となっている

会計がスムーズで混雑を軽減できるが、初期導入費用や月額費用が必要

ポイントの還元率が高いことから、現金よりもお得に買い物ができる

コードの表示や読み込みに時間はかかるが、導入費用は安い

安価に導入できるため費用を抑えられるほか、現金を扱わないため衛生的

非接触型
キャッシュレス

交通系キャッシュレスのほかに、
Apple PayやGoogle Payといった非接触型キャッシュレスがあります。
日常生活の一部となりつつありますが、
私たちにどのような恩恵をもたらしてくれるのでしょうか。

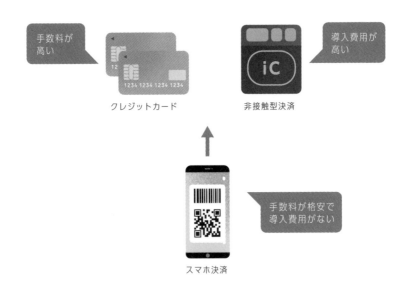

手数料が高い

クレジットカード

導入費用が高い

非接触型決済

手数料が格安で導入費用がない

スマホ決済

◆交通系キャッシュレス以外の非接触型決済

　非接触型技術を利用した決済は交通系ICカード以外にもさまざまなブランドがあります。たとえば、交通系ICカードと同時期から利用されている楽天Edyのほか、Apple PayやGoogle Pay、QUICPay、iDという言葉も耳馴染みがあるのではないでしょうか。これらはクレジットカードや電子マネーなどをスマートフォンに登録し、専用端末にかざすことで決済を行うしくみです。財布を持ち歩く必要がなく、生体認証によるロック解除があることから安全性も高いといわれてい

ますが、利用できる店舗が限られていたり、充電がなくなると使えなくなったりするなどの懸念点もあります。

　現在の日本のキャッシュレス事情は、クレジットカードと非接触型決済が先行していた市場に、安価に導入できるスマホ決済アプリのプレイヤーが割って入ってきたという構図になっています。

　非接触型決済には、事前に入金してから使う「プリペイド型」と、使った分をあとでまとめて支払う「ポストペイ型」の2種類のタイプが存在します[05]。主なプリペイド型のカードには「Suica」「楽天Edy」「WAON」「nanaco」、ポストペイ型のカードには「iD」「QUICPay」があります。

　プリペイド型の決済を利用しているユーザーの多くはポイントやマイルの獲得を目的としており、従来のポイントカードが幅広い店舗で活用できるといった感覚で利用しています。とくにWAONはイオン、nanacoはセブンイレブン、SuicaはJR東日本といったように、発行元の商業施設を利用することが多い人は、ポイント獲得のために活用している傾向が高いといえます。

[05] プリペイド型とポストペイ型

プリペイド型　　　　　　　　　　ポストペイ型

事前に入金してから使う　　　　　先に商品を購入し、
　　　　　　　　　　　　　　　　あとでまとめて決済する

◆iDとQUICPayの違い

　iDとQUICPayはどちらも後払い式の非接触型電子マネーです。支払い後に紐付けられているクレジットカードから引き落とされるしくみのため、事前にチャージする必要がありません。iDとQUICPayは似ていますが、主な違いは3つあります[06]。

　1つめは提供元です。iDはNTTドコモが提供していますが、QUICPayはJCBが提供しています。

　2つめは使える店舗数の違いです。コンビニやドラッグストア、量販店など、両者に対応している店舗は多いですが、片方にしか対応していない店舗もあります。対応店舗は各Webサイトに掲載されているので、利用の際は参考にしてみてもよいかもしれません。

　3つめはデバイスの違いです。iDは携帯電話や一体型クレジットカードで利用できますが、QUICPayはキーホルダー型やコイン型に搭載されたタイプもあり、使えるデバイスが充実しているのが特徴です。

[06] iDとQUICPay

	iD	QUICPay
運営会社	NTTドコモ	JCB
決済方法	ポストペイ型 （連携するカードにより プリペイド、即時支払い形式も可）	ポストペイ型 （連携するカードにより プリペイド、即時支払い形式も可）
非接触技術	FeliCa	FeliCa
利用形態	カード型 おサイフケータイ対応スマートフォン Apple Pay対応デバイス	カード型 おサイフケータイ対応スマートフォン Apple Pay対応デバイス QUICPayコイン キーホルダー型
決済端末台数	約94万台 （※2019年5月時点 ニュースリリースより）	約92万台 （※2019年6月末時点 ニュースリリースより）

◆Apple PayとGoogle Pay

　モバイル決済として知られる「Apple Pay」や「Google Pay」は、スマートフォンをかざすだけで決済が完了する手軽さから多くの人に利用されています。Apple PayはiPhone、Google PayはAndroid系の端末に対応しており、登録するクレジットカードのブランドによって使える電子マネーが異なります。

　Apple PayとGoogle Payは、登録できる決済の種類にも差があります。どちらもQUICPayとSuicaの登録はできますが、Google Payはそれらに加えてnanacoや楽天Edy、WAONといった電子マネーの利用が可能です。

　また、ほぼすべての端末がおサイフケータイに対応しています。日本ではおサイフケータイが利用可能であったことから、Apple PayやGoogle Payが目新しいものではなかったものの、Suicaが対応したことで大きく注目されました。おサイフケータイでもSuicaは利用できましたが、1円単位でチャーチが可能なこと、クレジットカードからのチャージも年会費無料であること、シンプルなUIであることから今では多くの人が利用しています[07]。

　対応している電子マネーの種類はGoogle Payのほうが多いですが、QUICPayとiDに対応しているカードの種類はApple Payのほうが勝っています。QUICPayとiDは後払い式となっているため事前のチャージは不要ですが、nanaco・楽天Edy・WAONなどはプリペイド方式のため、事前に入金しておく必要があります。

[07] Apple PayとGoogle Payの違い

	Apple Pay	Google Pay
対応機種	iPhone	Android
対応する電子マネー	Suica、iD、QUICPay	Suica、iD、QUICPay、nanaco、楽天Edy、WAON
モバイルSuica	○	○
オンライン決済	対応	対応

クレジットカードの利用用途

日本人のクレジットカード保有率は高く、
あらゆる場面で使われています。
キャッシュレスにおいても、クレジットカードは重要な存在となっています。

クレジットカードを利用　　　　店頭でのチャージ

クレジットカードを紐付けることで、事前のチャージや後払いの際の清算が可能に

店頭でのチャージは現金が必要なうえに手間がかかる

◆キャッシュレスにおけるクレジットカードの役割

　消費者が決済するにはお金が必要です。スマホやプリペイド型電子マネーにお金をチャージするには、現金を含む既存の決済インフラを利用することになりますが、そこで役立っているのがクレジットカードです。

　クレジットカードは、そもそもキャッシュレスの草分け的な存在です。これまでは接触型のクレジットカードが主流でしたが、現在は決済用チップを搭載した非接触型決済も利用できるカードも登場しています。また、事前支払い用のチャージにクレジットカードを用いたり、後払い時の清算にクレジットカードを利用したりなど、利用用途はさまざまあります[08]。

　新たに参入してきたスマホ決済の事前チャージや後払いにもクレジットカードを利用するケースがあります。電子マネーを利用する際にクレジットカードを使わない場合は、店頭の端末やレジで現金を支払ってチャージする必要があるため、時間と手間がかかります。

[08] キャッシュレス決済で使用されるクレジットカードの用途

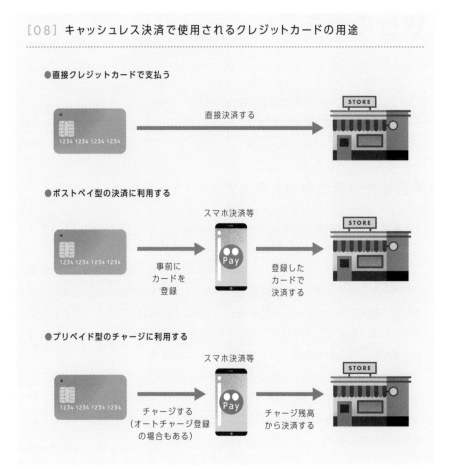

●直接クレジットカードで支払う

直接決済する

●ポストペイ型の決済に利用する

スマホ決済等

事前に
カードを
登録

登録した
カードで
決済する

●プリペイド型のチャージに利用する

スマホ決済等

チャージする
(オートチャージ登録
の場合もある)

チャージ残高
から決済する

◆クレジットカードの手数料の価値

　クレジットカードは、クレジット（信用）を基に成り立ちました。ポイントを貯めるために使っているユーザーも少なくないと思いますが、店舗がクレジットカード会社に手数料を支払ってまで導入するのは、信用力のあるユーザーを呼び込むことができるためです。現在はキャッシュレス化が進み、後払い以外にプリペイド型のキャッシュレスが登場するなど、その利便性にも着目されていますが、支払い力のあるユーザーの集客という側面も少なからずあるといえるでしょう。

銀行の巻き返し

キャッシュレス化によって、徐々にお金の流れが変わってきています。
既存の銀行は巻き返しを図るべく、
キャッシュレス化に向けた対策を行っています。

◆日本から現金がなくなる？

　キャッシュレスを支えるインフラは現金やクレジットカードだけではありません。銀行も重要なプレイヤーです。

　キャッシュレス社会になると、お金の流れが変化していきます。これまでは銀行が中心となって決済、送金、融資など、個人と企業を仲介してお金は流れていました。しかしキャッシュレス化が進めば、それらの機能を提供する事業者が新たに生み出されます。その結果、これまで金融のプラットフォーマーだった銀行を介さない新たなお金の流れが生まれることになります。

　世界全体でみると、すでに銀行のATMは減少傾向にあります。ATMの運用コストは高いため、今後も減り続けていく可能性は極めて高いといえるでしょう。銀行を介さないしくみも出てきていることから、銀行のビジネスモデルは大きな変革を迫られているといっても過言ではありません[09]。

[09] 銀行のビジネスモデルの行き詰まり

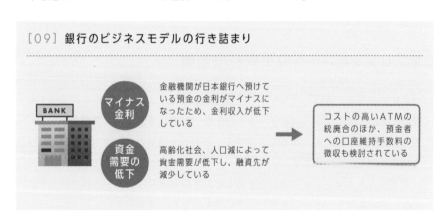

BANK

マイナス金利
金融機関が日本銀行へ預けている預金の金利がマイナスになったため、金利収入が低下している

資金需要の低下
高齢化社会、人口減によって貸金需要が低下し、融資先が減少している

コストの高いATMの統廃合のほか、預金者への口座維持手数料の徴収も検討されている

◆銀行のキャッシュレス「J-Debit（ジェイデビット）」

　日本の銀行が発行するキャッシュカードの多くは、「J-Debit（ジェイデビット）」と呼ばれるキャッシュレス機能が付いており、量販店をはじめ、デパートや宿泊施設、タクシー、病院など、さまざまなシーンで使うことができます。預金残高内での支払いになるため、使い過ぎる心配もありません。また、現金を引き出す必要がないので、現金を持ち合わせていないときの出費にも役立ちます。

　ところが、大多数の日本人が保有しているにもかかわらず、利用の規模としてはクレジットカードのわずか50分の1程度に過ぎません。使い過ぎが気になるという日本人の気質に合っているようにも思いますが、この利用率の低さの要因は、利用してもポイントが付かない点だといわれています[10]。

[10] J-Debitの代金引き落としまでの流れ

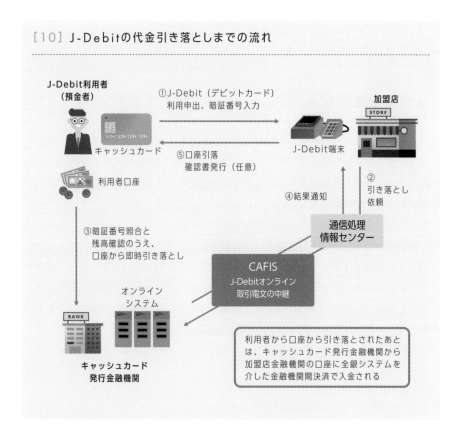

J-Debit利用者
（預金者）

キャッシュカード

①J-Debit（デビットカード）
利用申出、暗証番号入力

J-Debit端末

加盟店
STORE

⑤口座引落
確認書発行（任意）

利用者口座

②
引き落とし
依頼

④結果通知

通信処理
情報センター

③暗証番号照合と
残高確認のうえ、
口座から即時引き落とし

CAFIS
J-Debitオンライン
取引電文の中継

オンライン
システム

BANK

キャッシュカード
発行金融機関

利用者から口座から引き落とされたあと
は、キャッシュカード発行金融機関から
加盟店金融機関の口座に全銀システムを
介した金融機関間決済で入金される

◆銀行系のスマホ決済

　銀行には前述したJ-Debitがありますが、キャッシュレス化で先行する電子マネーやQRコード決済に対抗して、銀行が主体となったスマホ決済が予定されています[11]。この銀行系のペイには、大きく分けて「銀行Pay」「Bank Pay」「J-Coin Pay」の3つが存在します。現時点では、3つのペイの規格は独立しており、3種間の共通化はできていません。2020年の春ごろに正式リリースが予定されている「Bank Pay」は、銀行Payとの接続、将来的な加盟店の相互開放も検討されています。現在は銀行Payが先行してサービスをリリースしていますが、一部の決済サービスを除き、基本的には独自ポイントの付与はありません。

　クレジットカード系とは違って、銀行系のペイは口座残高内での利用が可能です。銀行PayとBank Payは銀行口座から即時引き落としで使うためチャージは不要で、J-Coin Payは銀行口座からスマホアプリにチャージすることで利用可能になります。

◆地域密着型金融（リレーションシップバンキング）

　キャッシュレス化は消費者の利便性だけで選ばれるわけではありません。実際に導入するのは加盟店です。そのような中で、地方銀行や信用金庫などは2003年頃から地域企業との関係性を高める取り組みを行ってきました。これからの銀行はビジネスモデルの変革を迫られていますが、地域企業との密な取り組みで巻き返しを図る可能性もあるかもしれません。

　高齢化や加速度的な人口減少といった要因で衰退する地方都市は多くありますが、その一方でさまざまな観光資源や都市部にはない魅力を持っています。そうした背景から地方銀行は生き残りをかけて、創業やベンチャーの支援、中小企業支援を積極的に行っています。また、地域を一丸として、購買と決済データを利活用するビジネス基盤を銀行が後押しして構築する取り組みが生まれています。こうした取り組みが各地域に再現性を持って拡がることで、キャッシュレス化が進むことも考えられるでしょう。

［11］各銀行系ペイに参加する主な銀行

銀行 Pay （即時引き落とし）	Bank Pay （即時引き落とし）	J-Coin Pay （口座からのチャージ・オートチャージ）	
北海道銀行	秋田銀行	北海道銀行	長野銀行
ゆうちょ銀行	福島銀行	北洋銀行	富山第一銀行
三井住友銀行	みずほ銀行	みちのく銀行	第三銀行
横浜銀行	三菱 UFJ 銀行	秋田銀行	滋賀銀行
北陸銀行	三井住友銀行	北都銀行	京都銀行
広島銀行	りそな銀行	荘内銀行	池田泉州銀行
福岡銀行	埼玉りそな銀行	山形銀行	南都銀行
熊本銀行	群馬銀行	岩手銀行	紀陽銀行
親和銀行	福井銀行	東北銀行	但馬銀行
沖縄銀行	愛知銀行	七十七銀行	鳥取銀行
	第三銀行	東邦銀行	山陰合同銀行
	百五銀行	北日本銀行	中国銀行
	静岡銀行	福島銀行	広島銀行
	京都銀行	大東銀行	山口銀行
	愛媛銀行	みずほ銀行	トマト銀行
	伊予銀行	群馬銀行	もみじ銀行
	百十四銀行	足利銀行	阿波銀行
	西日本シティ銀行	筑波銀行	百十四銀行
		武蔵野銀行	伊予銀行
		千葉興業銀行	四国銀行
		SBJ 銀行	愛媛銀行
		東和銀行	高知銀行
		栃木銀行	筑邦銀行
		第四銀行	肥後銀行
		北陸銀行	大分銀行
		富山銀行	宮崎銀行
		福井銀行	西日本シティ銀行
		三重銀行	北九州銀行
		大光銀行	

※2019 年 11 月時点

見逃してはいけない海外からの
キャッシュレスブランド

キャッシュレス大国の中国では、
現金やクレジットカードでの支払いを拒否する
店舗が続出しています。
完全キャッシュレス社会の実現はそう遠くないかもしれません。

中国からの訪日観光客は
今後さらに増える見込み

観光客を取り込むため、
各企業が中国の決済ブランドを取り入れる

◆完全キャッシュレス社会の実現なるか?

　中国では決済サービスが広く浸透しており、現金やクレジットカードを持たなくても生活できる環境が整いつつありますが、その一方で、日本は国策としてインバウンド対策を行っています。観光庁のデータによると、2018年時点で中国からの訪日観光客は800万人を超え、その消費額は1.5兆円を超えています。もちろん日本の決済ブランドを外国人が利用することはできませんが、このような状況下で、インバウンド消費を取り込みたい企業は中国系の決済ブランドを積極的に取り入れています。世界的に決済の互換性がない以上、今後もインバウンドの取り込みには現地のペイメントブランドに注目しておく必要があるでしょう。

　中国系決済の代表的なブランドに「WeChat Pay」と「Alipay」があります。少額決済利用にはWeChat Payを、高額決済やECの利用にはAlipayを使う傾向があるようです。

WeChat Pay

　WeChat Payは中国国内で圧倒的な市場シェアを誇り、スマートフォンを持っている人なら誰もが利用しているといわれているチャットアプリ「WeChat」を運営しているテンセントが提供している電子決済サービスです。中国国内の小規模小売店では、WeChat Payの個人間送金機能を利用して決済を行っており、広く使われていることもあって、中国の都心部では現金を持ち運ぶことがほとんどありません。日本では、爆買いを行う中国観光客を取り込むために、観光地では積極的な導入が進められています。ただし、現在はアプリが中国語にしか対応しておらず、日本人の利用にはハードルが高いのが実情です。

Alipay

　Alipayは中国のQRコード決済文化の火付け役となった決済サービスで、全世界のユーザー数は10億人を超えています（2019年10月時点）。生活に必要なあらゆるサービスと紐付いており、ユーザーはサービスを検索するだけでそのままAlipayで決済が行えます。今やAlipayは決済アプリではなく、生活アプリへと変貌を遂げているのです。

　WeChat Payと同様に、中国からの訪日観光客は、中国のスマホ決済に対応している店舗で支払いを行います。訪日観光客を取り込むためには、Alipayによる支払いを可能にしておくことが必須といえるでしょう。

SECTION 26

キャッシュレス導入の
ポイント

さまざまなペイメント事業者が乱立している現状ですが、
実際に実店舗でキャッシュレスを導入するためには、
何を基準にすればよいのでしょうか。

◆ 決済ニーズ

　キャッシュレス対応を検討するにあたり、まず初めに顧客の決済ニーズについて考えていきましょう。さまざまな決済手段を導入しても、利用されなければ意味がありません。

　決済ニーズは、業態・客単価・客層・エリアの4つを複合的に考えていく必要があります。業態によって客単価はある程度決まってきますが、そもそも電子マネーやQRコード決済は決済金額に上限があるため、高額商品を扱う小売店などには向いていません。また、年齢層が比較的高い場合はクレジットカードの利用が多いですが、若い世代は日に日に電子マネーやQRコード決済のニーズが高まってきています。エリアについては、いわゆるインバウンドエリア（観光地）であるかどうかを焦点に考えていきましょう。外国人観光客が多いエリアでは、AliPayやWeChat Payといった中国系のサービスや、Apple Pay、Google Payなどの決済ニーズが非常に高い傾向にあります。近年ではこれらの決済手段の普及にともない、キャッシュレス対応の有無が店舗選びにもつながってきています。自分のお店の環境や状況を考慮し、最適な決済手段を導入していきましょう [12]。

[12] **決済ニーズの種類**

業態　　　　　客単価　　　　　客層　　　　　エリア

◆POSレジ連動

キャッシュレスに対応させる際は、店舗で使用するPOSレジとキャッシュレス決済端末の連動の要否を考えていく必要があります。POSレジと決済端末が連動していないと、多くの場合はPOSレジ上の売上データを見て決済端末に金額を入力する、いわゆる「二度打ち」が発生します。二度打ちは手作業での入力になるため、人的ミスを100%防ぐことは難しいですが、従来の据え置きのPOSレジの場合、連動できる決済端末や決済会社が制限されてしまうことが懸念されています。

また、QRコード決済も連動させたい場合は、対応しているタブレット系のスマートレジの導入が必要になりますが、次々に決済ブランドが増えていく中で、使用できるブランドは導入したスマートレジに依存してしまいます[13]。POSレジとの連動を考えない場合は、契約する決済会社によってよりよい条件で契約できたり、新しい決済方法にタイムリーに対応していけたりと双方のメリットが顕在するため、店舗規模やニーズを考慮して検討する必要があります。

[13] POSレジとの連動による落とし穴

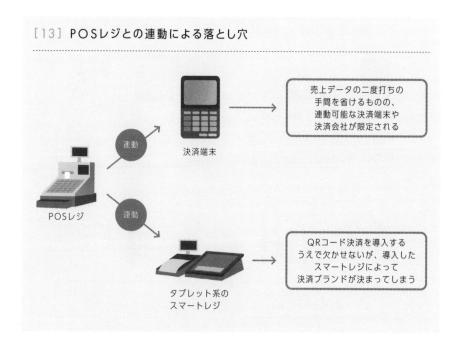

連動

決済端末

売上データの二度打ちの手間を省けるものの、連動可能な決済端末や決済会社が限定される

POSレジ

連動

タブレット系のスマートレジ

QRコード決済を導入するうえで欠かせないが、導入したスマートレジによって決済ブランドが決まってしまう

◆導入コスト

　導入コストを真っ先に考える店舗オーナーは多いのではないでしょうか。クレジットカードや電子マネーでの決済には決済端末の設置が必須のため、導入の際は端末代に加えて、月額の利用料がかかるものが多くあります。これに対してQRコード決済は、MPM方式であればほとんどのサービスが初期費用、月額費用ともにかからないものが多く、比較的導入のハードルは低いといえます。

　初期費用や月額費用以外に必ず発生するのが、決済利用に対して発生する決済手数料です。決済手数料率は利用金額に依存するため、個店などの場合はどうしても料率が高くなってしまいますが、QRコード決済系であれば初年度0%などのキャンペーンが多く展開されています。クレジットカードと比較すると料率が安いことから、QRコード決済がもっとも導入しやすいキャッシュレス手段といえます[14]。

[14]　決済手段による導入コストの違い

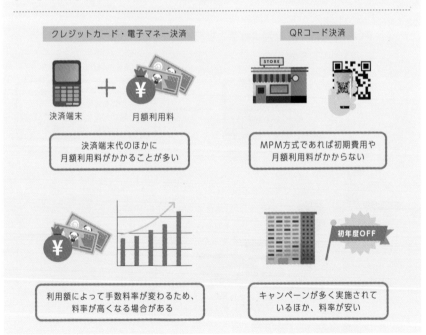

◆契約について

　最後に契約周りについて考えていきましょう。さまざまな決済手段やブランドの登場により、最近では複数ブランドを一元管理できるマルチ決済も広く普及してきました。それぞれの決済ブランドごとに契約を結ぶと、各決済ブランドのキャンペーンによっては導入コストを安く抑えられたり、販促ツールが充実していたりなどのメリットがある一方で、各ブランドごとに条件を交渉し、契約を結び、締め日を決め……といったように、すべて付け合わせしなければならず、余計な業務負担がどんどん増えてしまいます。どちらも一長一短ありますが、顧客のニーズに応えるために積極的に新しい決済手段を導入する店舗であれば、契約や売上が一元管理できるマルチ決済サービスのほうがより利便性を感じられるはずです[15]。

[15]　マルチ決済がもたらすメリット

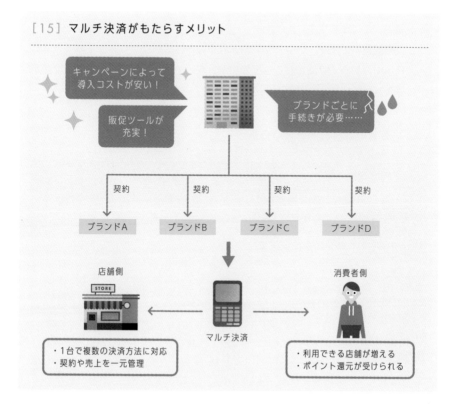

SECTION 27

軽減税率

消費税増税にともない、
「軽減税率」という言葉を耳にするようになりました。
ここではその実態について見ていきましょう。

◆ 消費税の軽減税率とは

　軽減税率とは、2019年10月1日からの消費税率の引き上げにともない、低所得者の経済的負担を軽減することを目的に、特定の商品の消費税率を通常の消費税率より低く設定する制度です。つまり、店舗には消費税率8%の商品と10%の商品が並ぶことになります。

　この軽減税率ですが、いつまで実施されるのかは国税庁から言及されていません。日本では初めて実施される制度ですが、欧米やアジアなどの一部の国ではすでに導入されています[16]。

[16] 各国の軽減税率の扱いの例

	日本	イギリス	フランス	スウェーデン	韓国
標準税率	10%	20%	20%	25%	10%
軽減税率	8%	5%	2.1〜10%	6〜12%	なし
食料品の扱い	酒類・外食を除く飲食料品が8%	0% 適用外品目あり	5.5%	12%	非課税（未加工の食材等）
外食サービス	標準税率	標準税率	10%	12%	標準税率

※財務省資料より

◆複数税率への対応

　軽減税率の対象となるのは、「酒類や外食を除く食品表示法に規定されている飲食料品」と「週2回以上発行されている新聞」です。酒類や外食、ケータリングなどは軽減税率の対象とならず、通常の消費税率10%が適用されます。外食についてはやや複雑で、店内で食事をする場合は通常の消費税率10%が適用されますが、テイクアウトは軽減税率の対象となり、消費税率8%が適用されるようになっています[17]。このように、対象品目の線引きがあいまいなものも少なくありません。同じ店舗を利用していても、利用法によって金額が異なるため、双方に混乱が起こりました。

　これに対し、大手牛丼チェーンやハンバーガーチェーンでは税込価格を据え置くことで、店内飲食の場合と持ち帰りの場合で本体価格を調整し、結果的にどちらを選択しても税込価格が同じになるように対策を取っています。

[17] 軽減税率の対象となる品目

軽減税率8%
飲料食品
新聞
週2回以上発行のもの
飲食料品とセットのもの

標準税率10%
外食　酒類
ケータリング　薬
書籍

※上記は一例です

◆レジの軽減税率対応と補助金

　軽減税率の導入により、もっとも大きかった店舗への負担が、システムの改修、または軽減税率対応のPOSレジへの切り替えです。商品によって消費税が10%と8%の場合でその都度システムを切り替えなければならず、軽減税率に対応していないPOSレジが利用できなくなったのです。

　中小企業庁は、中小事業者のスムーズな軽減税率対応を促進するために、2019年9月30日までのシステム改修やレジ導入について一部の経費を補助する「軽減税率対策補助金」を設けました。レジの設置や改修、受発注システムの改修などは対象費用の最大4分の3が、3万円未満のレジ1台を導入する場合は最大5分の4が補助金として交付されました。

　軽減税率対応レジに求められる機能は、税率ごとに日次ベース等で売上額の合計を計算して表記する機能、および図のようなレシートを発行する「区分記載請求書等保存方式に対応した請求書等の発行機能」です[18]。

[18] 軽減税率対応レジでのレシートの記載情報

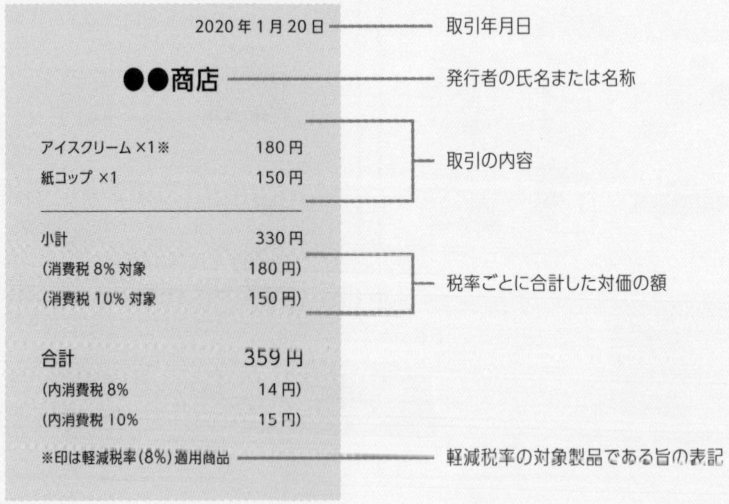

```
                        2020 年 1 月 20 日 ──────── 取引年月日

              ●●商店 ──────────────── 発行者の氏名または名称


  アイスクリーム ×1※          180 円  ┐
  紙コップ ×1              150 円  ├──── 取引の内容
  ─────────────────────────┘

  小計                   330 円
  (消費税 8% 対象         180 円) ┐
  (消費税 10% 対象        150 円) ├──── 税率ごとに合計した対価の額

  合計                   359 円
  (内消費税 8%            14 円)
  (内消費税 10%           15 円)

  ※印は軽減税率(8%)適用商品 ─────────── 軽減税率の対象製品である旨の表記
```

◆ 消費税増税後のキャッシュレス状況

　2019年10月から消費税が増税され、懸念されていた軽減税率の複雑さによる混乱は大きくは目立たないものの、さまざまな世論調査で消費者は実施後でさえも「きちんと理解していないまま」であるとの調査結果が出ています。ところが、増税後はキャッシュレス決済の利用率が向上し、大きな成果を上げています。インフキュリオン・グループが2019年11月7日に発表したキャッシュレス利用状況調査では、キャッシュレス利用率が約3倍にまで伸びています[19]。また、各決済会社の発表やその他の民間利用調査においても軒並み利用率が向上しています。

　しかし、一定の効果が認められる一方で、高齢者やITリテラシーが低い人たちの利用率が低いという課題も残っています。これから高齢化社会を迎える日本でキャッシュレスを普及させるためには、これらが喫緊の課題といえます。

　キャッシュレス化が先行している海外では、店舗での現金取り扱いコストが下がっています。普及率に遅れがある日本では、キャッシュレスにより売上が増加したと実感を持ちつつも、現金とキャッシュレス決済の二重の運用コストが発生しているケースもあり、こうした課題を解消するしくみが必要になりそうです。

[19] キャッシュレスの利用状況（2019年10月）

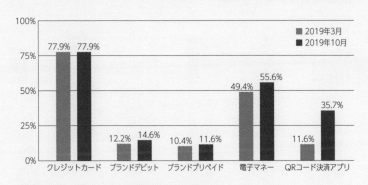

各カテゴリーのうちいずれかのサービスを「利用している」と回答した割合 (n=20,000; 複数回答)

出典：株式会社インフキュリオン・グループ プレスリリース
「増税後の QR コード決済利用率が 3 倍に拡大。最も利用されているアプリは PayPay」

キャッシュレス・
消費者還元事業

日本にも徐々に浸透し始めているキャッシュレスですが、
ここではキャッシュレスを推進するための事業である
「キャッシュレス・消費者還元事業」について解説していきます。

◆キャッシュレス・消費者還元事業とは

　キャッシュレス・消費者還元事業とは、経済産業省が主体となって実施する国の補助金事業で、消費税率が10%に引き上げられる2019年10月から2020年6月までの9ヶ月間、中小・小規模事業者におけるキャッシュレス手段を使った決済において、消費者へのポイント還元を支援したり、決済用の端末導入費用や決済手数料などの一部を補助したりすることでキャッシュレスの推進を支援します[20]。キャッシュレス化することで事業者の生産性を向上させるだけでなく、消費者の利便性向上にもつながるという観点から、双方にキャッシュレス化を推進していくことを目的としています。

[20] 消費者還元事業のしくみ

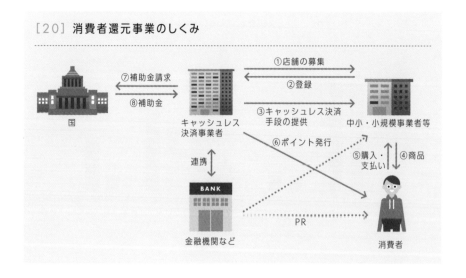

◆キャッシュレス決済事業者

　キャッシュレス決済事業者が還元事業において補助を受けるには、「登録決済事業者」として経済産業省に登録する必要があります。登録決済事業者には、キャッシュレス発行事業者である「A型決済事業者」と、キャッシュレス加盟店支援事業者である「B型決済事業者」があります。

　今回キャッシュレス決済と定められているのは、電子的にくり返し利用できるクレジットカード、デビットカード、電子マネー、QRコードの4つの決済手段で、A型決済事業者は、消費者向けにこれらのキャッシュレス決済の手段を提供する企業を指します。

　キャッシュレス決済のポイント還元では、A型決済事業者が消費者に対してポイントを発行し、B型決済事業者は店舗向けにキャッシュレス決済端末やサービスを提供するなど、加盟店の開拓や支援を行う企業です。加盟店への決済手数料の還元などもここで行われます。また、キャッシュレス決済手段を提供し、かつ加盟店の支援も行う「A型兼B型決済事業者」も存在します[21]。

[21] キャッシュレス決済事業者に支給される補助金

補助事業	補助対象経費	補助率	補助対象事業者	
			A型	B型※1
消費者還元補助	登録された中小・小規模事業者で実施した消費者還元費用	10/10	○	△※2
決済端末補助	加盟店に設置した端末の決済事業者調達費用	2/3	×	○
加盟店手数料補助	加盟店が負担した加盟店手数料	1/3	×	○
事務経費補助	本事業実施のために「追加的に」必要な経費	10/10	○	○

※1　B型決済事業者に準ずる準B型決済事業者の区分もある
※2　購買金額からの差し引きによる還元の実施を行う場合は、B型・準B型事業者が消費者還元分を申請する

◆消費者と中小・小規模事業者のメリット

　キャッシュレス・消費者還元事業は、消費者にとっても中小・小規模事業者にとってもメリットのある事業だと期待されていますが、いったいどのようなメリットをもたらしてくれるのでしょうか。

　消費者にとってのメリットは「ポイント還元」でしょう。事業が実施される9ヶ月間に、消費者が対象の店舗でキャッシュレス決済手段を用いて決済を行った場合、個別店舗であれば利用料金の5%、フランチャイズチェーン加盟店等であれば2%が還元されるので、消費者はよりお得な体験ができます。

　補助の対象となる中小・小規模事業者に本登録されると、決済端末が無料で導入できるだけでなく、キャッシュレス決済を利用して決済を行った際に発生する決済手数料の3分の1が補助されるようになります。また、前述したように消費者にはポイントが還元されることから、集客効果も期待できます[22]。

　このように、中小・小規模事業者と消費者の双方に大きなメリットをもたらしてくれる本事業は、キャッシュレス化の推進を後押しするとして、今後の動向が注目されています。

[22] 中小・小規模事業者への支援内容

	加盟店手数料	決済端末	ポイント還元
中小・小規模事業者	実質2.17%以下（期間後の手数料は開示）	負担ゼロ	5%
フランチャイズチェーンガソリンスタンドなど	×	×	2%

◆キャッシュレス・消費者還元事業後の取り組み

　キャッシュレス・消費者還元事業が終わってもキャッシュレス推進の流れを止めないように、キャッシュレス決済利用者に対し、広範囲の店舗で利用できるポイントを還元する新しい施策を政府が検討しています。具体的には、政府が発行するマイナンバーカードにポイント機能を付与する形で実行します。消費者がキャッシュレス決済を行うと、利用額に応じてポイントが付与されるしくみです。

　政府の目的は、①キャッシュレス決済比率の増大、②増税と東京五輪後の景気落ち込み防止、③分断されている決済データの利活用の大きく3つです。また、決済事業者から決済データを取得する際のAPIガイドラインを策定したり、店舗の購買データを扱うためのガイドラインを作成したりして、地域のデータ活用基盤を構築し、地域活性化を目指しています[23]。

　このように、国の戦略としてキャッシュレス比率を倍増させる取り組みが行われています。今後ビジネスを考える際には、キャッシュレスになって可能になるサービスと、キャッシュレス化の比率が上がることで不便になる点、非キャッシュレスだから成り立っていたサービスを見極めることがチャンスであると考えられます。

[23] **地域を活性化させる取り組み**

決済データ

事業者A　事業者B　事業者C

購買データ

加盟店A　加盟店B　加盟店C

標準API

標準API

地域のデータ
活用基盤

利活用
（地元スーパー、
小規模店舗、
交通機関、
行政など）

実店舗での利用例

これまでさまざまなキャッシュレスを紹介してきましたが、
実店舗ではどのように利用されているのでしょうか?
東京都内で複数の飲食店を運営している株式会社日本美食を例に見てきましょう。

◆和食居酒屋の取り組み

　筆者の会社が運営する都内のある和食居酒屋は、個室も用意されている客単価4,000円ほどの店舗です。都心部主要エリアの駅近に店舗をかまえており、その使い勝手のよさから、学生から会社員までさまざまな客層が来店しています。顧客満足度の向上はもちろん、潜在顧客を逃さないためにも多くの決済手段を用意していますが、筆者の会社では食事後にレジで会計を行うため、必要な決済ツールはすべてレジ周りに設置されています。決済や売上管理の基本となるPOSレジを中心に、有線でクレジットカード決済をするためのCAT端末(クレジット加盟店で、カードの有効期限や限度額など、カードの有効性を確認するために使う端末)や、電子マネー決済を行うためのFeliCa端末、QRコード決済を行うためのMPM型のQRコードスタンドが設置されています。

　SuicaやiDなどの電子マネーが増えたことによって、ランチ時の会計時間が短縮され、業務がスムーズになりました。さらに、導入したQRコード決済ブランドが展開するポイントキャッシュバックキャンペーンの効果もあって、新しい層の顧客の来店や、客単価の向上にもつながっています。

　実際の導入の効果を実感する反面、それぞれの決済手段ごとに異なる対応をしなければならないため、オペレーションが複雑化したり、次々に増えていく決済手段に対応しきれなくなりつつあるなど、新たな課題も浮き彫りになってきています[24]。

[24] 顧客のニーズに合わせた決済手段を導入

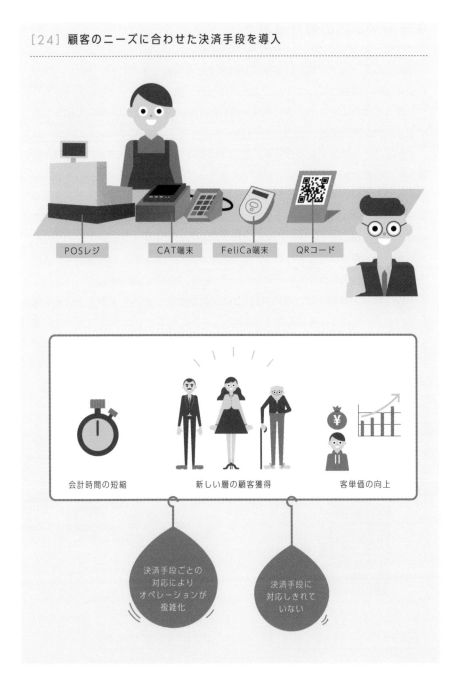

POSレジ　　CAT端末　　FeliCa端末　　QRコード

会計時間の短縮　　　　　新しい層の顧客獲得　　　　　客単価の向上

決済手段ごとの
対応により
オペレーションが
複雑化

決済手段に
対応しきれて
いない

◆ラーメン店の取り組み

　都内のあるラーメン店では、オペレーションを簡略化するため、店舗の入口付近に券売機を設置しています。さまざまな決済手段とそのニーズに応えていきたいと考えてはいるものの、券売機はそれ自体が高額であるため、頻繁に取り替えできないのが現状です。

　5年前にオープンした本店では、現金決済のみに対応した従来型の券売機が設置されていますが、単価の低い業態であるラーメン屋では、現金以外のニーズも高まってきています。券売機以外にはレジなどの設備もなく、電子マネーやクレジットカードには対応できていませんでしたが、MPM方式のQRコード決済の登場により、印刷したQRコードを券売機に貼ることでキャッシュレス対応を可能にしました。食券が出てこないなどの不具合が起こるものの、お客様のニーズに応えるために、現在はオペレーションでカバーしている状態です。

　一方、オープンしたばかりの3号店では、最新のタッチパネル型券売機を設置しています。決済には現金決済はもちろん、中央に配置されたFeliCa端末での電子マネー決済や、ディスプレイに金額情報の入ったQRコードを表示させることで、CPM方式のQRコード決済にも対応できるようになり、多くのキャッシュレスニーズに応えられるようになっています[25]。

[25] **多様な決済手段に対応**

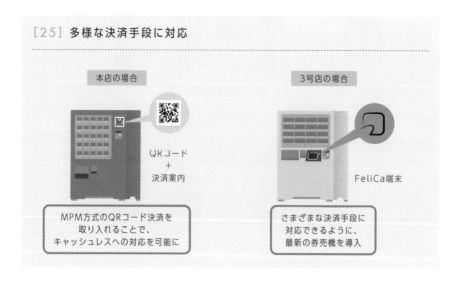

本店の場合

QRコード
＋
決済案内

MPM方式のQRコード決済を
取り入れることで、
キャッシュレスへの対応を可能に

3号店の場合

FeliCa端末

さまざまな決済手段に
対応できるように、
最新の券売機を導入

◆ケータリングサービスの取り組み

　筆者の会社では、イベントやパーティー向けにケータリングサービスを運営しています。これまではスタッフが現地で現金で精算するか、後日請求書払いをする形で代金を回収していましたが、クレジットカードによる支払いのニーズが強まってきていることから、決済手段をいろいろと検討しました。その結果、端末を使った決済は導入コストがかかるだけでなく、持ち運びも容易ではないなどの問題が浮上し、導入までには至りませんでした。

　ところが、近年クレジットカード決済も可能なMPM方式のQRコード決済があることを知り、すぐに導入しました。現在は各スタッフが印刷したQRコードを携帯することで、現地でクレジットカード、QRコード決済の両方に対応できるようになっています。顧客満足度の向上はもちろん、スタッフが現金を持ち歩く現金管理のリスクやコストを削減することにもつながりました[26]。

[26] QRコードの導入で対応がスムーズに

　ここまで筆者の会社の利用事例を見てきましたが、同じ飲食店でも三者三様の決済環境であることがわかります。これが小売業態であれば、在庫情報と紐付けるためにPOSレジとの連携が必要であったり、地方の小規模な個店であれば、決済手数料や支払いサイトがネックでいまだに現金対応のみであったりと、業態や規模、地域や顧客ニーズによってその決済環境はさまざまです。それぞれの決済手段の特性を知り、自店の特徴と照らし合わせることで、店舗と顧客の双方にとってメリットのある店舗づくりができるでしょう。

◆インバウンド客を取り込む取り組み

　筆者の会社はさまざまな業態の飲食店を運営していますが、年々増加する外国人旅行者への対応も進めています。とくに爆買いブームを引き起こした中国人観光客は今うなぎ登りに増えているため、AlipayとWeChat Payの対応は不可欠といってよいでしょう。全国各地でもこの2つの決済の導入が増加していることから、中国人観光客にとっては両者が使えるかどうかがお店選びの基準の1つとなっています。また、インバウンド客を取り込むために「アクセプタンスマーク」（決済ブランドが明記されたロゴステッカー）を明示することも忘れてはいけません。

　インバウンド向けの取り組みはこれだけではありません。日本人が海外旅行に行く際に日本語の旅行サイトを確認するように、外国人が日本に訪れる際には自国の旅行サイトを見ているはずです。海外の旅行サイトの中で事前にコースを予約できるように、インバウンド集客サービスを行っています。決済は事前にオンラインで完結するため、店舗でのコミュニケーショントラブルを回避することができ、ドタキャン問題も解消されています。

　外国人観光客全員が事前決済を行っているわけではないため、スマートフォンによる注文決済ツールも用意しています。お客様が来店したらQRコードを印字したクリップボードを持っていき、そのコードを読み取って注文と決済を行います。メニューが多言語化されていることから母国語での表示も可能で、現地で話題となり客足が途絶えません[27]。

[27] 母国語での注文が可能に

Menu		菜单
🥗 Salad		🥗 色拉
🍳 Fried rice		🍳 炒飯
🥤 Drink		🥤 飲料

母国語でメニューを見て注文できる！

PART

5

キャッシュレス決済が
もたらすミライ

続々と生まれる
キャッシュレスの技術

電子マネーや交通系ICカード、スマホ決済などは、
さまざまな技術の進化によって生まれてきました。
各技術には、決済にかかわるいろいろな課題を解決する目的があります。
今後もより利便性を追求した技術革新が期待されています。

◆キャッシュレスデバイスの変化

　キャッシュレスにおいてわかりやすい技術といえば、デバイスの変化が挙げられるでしょう。Suicaに代表される非接触型のデバイスは現在でも画期的な進化を遂げていますが、ICチップが埋め込まれたカードや端末を所持しなくてはなりません。

　そこで注目されているのが、ICチップのダウンサイジングです。スウェーデンではすでに普及しており、切符やICカードの代わりとして実用化されています。ダウンサイジングされたICチップは「マイクロチップ」と呼ばれ、その大きさは米粒ほどです。利用者はこのマイクロチップを手の皮膚に埋め込むことで、手をかざすだけで決済することが可能になります。埋め込んだマイクロチップは決済だけにとどまらず、自宅やオフィスの施錠も行えるようになります。

　また、キャッシュレスにおいてはデバイスレスの世界が実現するかもしれません。その技術の1つが「指紋認証決済」です。スマートフォンやノートパソコンでは本人確認に指紋認証が利用されているため馴染み深いかもしれません。日本では2019年2月に、Showcase Gigとパナソニックが共同して、指紋データをクラウド化し、認証用のスキャナーにタッチするだけで支払いを完了させる技術をリリースしました。さらに、タッチも不要な「顔認証決済」も実用化されています。セキュリティ面では指紋認証よりも優れているといわれており、中国ではAlipayで利用されています。日本でも顔認証AI技術のクオリティが非常に高く、今後の商用化が期待されています。

◆デバイス以外の新技術

e-KYC

　デバイス以外にもキャッシュレス社会を実現する技術はさまざまです。たとえばスマホ決済を利用する際に、マネーロンダリングなどのおそれがあるサービスの利用には、本人確認（KYC=Know Your Customer）が義務付けられています。クレジットカードの登録だけでは本人かどうかを判断することが難しく、これまでは公的証明書などの本人だと確認できる書類を送付したり、銀行などそのほかのアカウントと連携したりするなどの手間がかかっていました。

　そこで実現されたのが「e-KYC」という技術です。公的証明書といっしょに自身の顔を撮影することによって、迅速に本人確認ができるしくみです[01]。

[01] e-KYCのしくみ

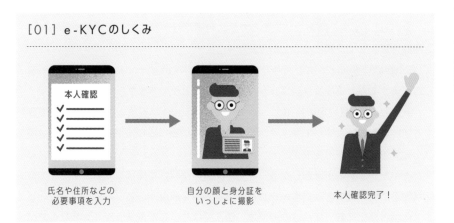

氏名や住所などの
必要事項を入力

自分の顔と身分証を
いっしょに撮影

本人確認完了！

決済ゲートウェイサービス

　ゲートウェイは門や玄関口という意味を持っていますが、インターネットの世界では「異なる種類のネットワークを接続するための装置」という意味で使われています。現在、世界には1,700を超える決済ブランドが存在しており、ユーザーはそれぞれに使い慣れた決済ブランドを利用していますが、店舗がそれらに対応するためには、すべての決済ブランドと契約しなければなりません。こういったさまざまな決済ブランドを1つの契約で利用可能にするサービスを「決済ゲートウェイサービス」と呼びます。

キャッシュレスを活かした
ビジネスの変化

キャッシュレスの発展によって、
従来の決済方法とは大きく変わってきています。
では、ビジネスにはどのような変化があるのでしょうか？
ここでは、Amazon Go の取り組みを紹介します。

◆キャッシュレスの価値

　キャッシュレスがもたらす価値は、主に3つあります。

　1つ目は「場所を問わない」ことです。店舗に行かなくとも、自宅や外出先で商品を購入して決済することが可能です。

　2つ目は「タイミングを問わない」ことです。決済ブランドによっては、事前に決済するか、事後に決済するかを選択することができます。

　3つ目は「金額設定の自由化」です。ETCやSuicaは現金よりも安く利用できるといわれていますが、キャッシュレスは需要などに応じてダイナミックに金額を変更することが可能です。

　キャッシュレスが話題になり、誰もが決済の便利さに注目していますが、本来は現金では実現できないキャッシュレスの強みを活かすことで可能になるサービス体験の変化に着目すべきなのです。ここではそうしたキャッシュレスならではのビジネスを紹介していきます。

◆レジのないAIコンビニ「Amazon Go」

　2018年1月22日、米国シアトルにAmazon Go1号店がオープンしました。Amazon Goは、レジに人がいない無人コンビニとして世界的に話題となりました。あらかじめスマートフォンに専用のアプリをインストールし、ゲートに設置されている機器にスマートフォンをかざして、QRコードを読み取って入店します。その後、店内の商品を手に取ると、スマートフォンのカートに商品が登録され、

退店すると自動的に決済が行われるしくみです[02]。商品棚に設置されたセンサーとカメラを組み合わせることによって、来店客の動きを正確に把握しているのです。ただ手に取るだけで支払いが終わる、まさに画期的なシステムといえるでしょう。

Amazon Goのメリットは、レジで会計を待つことも、財布を出して決済する必要もないことです。利用者が便利さを手に入れている一方で、Amazon Goもまた、レジに配置する人件費をカットすることができています。

現状ではAmazon Goの店舗はまだ数えるほどしかありませんが、Amazonは、2021年までに全世界3,000店舗に拡大する計画を立てています。また、Webサイトには「シェフや地元のレストラン、地元のベーカリーが調理したすぐに食べられる朝食、昼食、夕食を提供する」と記載されていることから、今後はスナックや軽食のテイクアウトに注力すると見られています。コンビニだけでなく、ファストフードのような飲食店にとっても競合となるかもしれません。

[02] Amazon Goのしくみ

ゲートにスマートフォンを
かざして入店

購入したい商品を
手に取る

退店して自動決済！

◆Amazonの狙い

Amazonは、顧客満足度を「商品の品揃え」と「価格力」によって実現することを目指しています。Amazon Goのようなレジレスの取り組みは商品価格に反映され、Amazonでしか実現できない低価格化をもたらしていくでしょう。もしも、高級スーパーに安いスーパーと同じ価格の商品が陳列され、レジに並ぶこともなく購入できるとしたら……。ユーザーは、高級スーパーと安いスーパーのどちらに足を運ぶでしょうか？　キャッシュレス技術で実現したAmazon Goは、今後さまざまな影響をもたらすかもしれません。

キャッシュレスで変わる
日本産業

海外ではすでにさまざまな取り組みが行われていますが、
日本でも無人決済店舗などの実証実験が行われており、
今後の動向が見逃せません。

◆日本国内でも進む無人決済店舗

　SEC.31で取り上げたAmazon Goは、アメリカ国外ではすでにロンドンに進出しています。気になる日本では、2020年の東京オリンピック・パラリンピックに向けて進出する見方もある一方で、法人税の懸念から、積極的な進出はしないとの見方もあります。そのような背景の中、日本でも無人決済店舗の実証実験が話題になっています。

　JR東日本とITベンチャーのサインポストは、2018年10月から12月までの2ヶ月間、JR赤羽駅において「AI無人決済店舗」の実証実験を行いました。Amazon Goと同様のしくみで、店内には100台以上のカメラが設置されており、店内の人の動きや商品の動きを認識しています。利用の流れとしては、SuicaやPASMOといった交通系ICカードを使って入店し、購入したい商品を手に取ります。出口のゲートに立つとディスプレイに購入商品と購入金額が表示されるので、入店時に使用した交通系ICカードで決済をします[03]。

　JR東日本は、人件費の高騰にともなう人手不足の解消や、キャッシュレス化の推進を図ることを狙いとしています。採算が悪い店舗を閉店するのではなく、無人決済店舗に切り替えることで営業を続け、利用者の利便性を維持することを目的の1つにしています。こういった取り組みはキヨスクを持つJR東日本だけではなく、国内のコンビニでも具体的な取り組みが実施されています。

［03］ AI無人決済店舗のイメージ

入口に設置されている端末に、
支払いに利用する交通系電子マネーカードや
スマートフォンをかざす

商品を手に取ると、
設置されたカメラによって認識される

出口のゲートに残高が表示されるので、
入店した際に使用したカードをかざして決済

◆深夜時間帯で無人営業の実証実験を始めたローソン

コンビニ業界では、人手不足と人件費の高騰から営業時間の短縮が迫られています。ローソンでは、深夜時間帯の省人化対応について検証するため、来店客が自身で決済する「スマート店舗」の実証実験を、横浜にあるローソン永取沢町店で2019年8月23日から約半年間実施しています。

スマート店舗として機能するのは午前0時から午前5時の時間帯で、入店方法は、①事前にローソンアプリに登録して発行される入店用のQRコードを利用する、②入店管理機器で顔写真を撮影する、③事前に配布された入店カードを利用するの3通りの方法があります[04]。決済はコンビニで利用されているセルフレジで行いますが、ローソンには自動釣銭機能付きPOSレジも用意されており、電子マネーやクレジットカード、スマホ決済に加え、現金での支払いも可能になっています。今回の実証実験によって、売上の推移、利用者の声、店舗オペレーションの課題を検証し、今後の拡大展開を検討する方針です。

ローソン以外のコンビニ各社も無人決済店舗の発表を行っています。ファミマペイが話題となったファミリーマートでは、「ファミマミライ」と呼ばれるAIコンビニのコンセプトムービーを発表しました。また、セブンイレブンでも、AIを取り入れたコンビニの開発を進めると発表しています。実際に、2017年には韓国のセブンイレブンで静脈認証決済を用いた決済の試験が行われています。そのほかに、セブン自販機という食品自動販売機にキャッシュレス決済機能を搭載し、導入を拡大しています。

[04] スマート店舗で従業員の人手不足を解消?

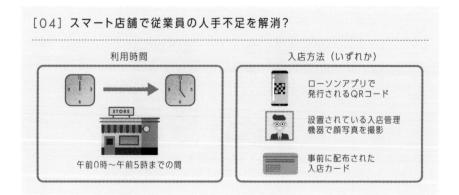

利用時間　　　　　　　　　入店方法（いずれか）

午前0時〜午前5時までの間

ローソンアプリで発行されるQRコード

設置されている入店管理機器で顔写真を撮影

事前に配布された入店カード

SECTION 33

キャッシュレスを利用した
地域活性化

インバウンド需要の取り込みにおいても、
キャッシュレス決済が大きな役割を担っています。
各地の観光スポットでは、現金以外の支払いニーズに
対応するための動きが広まりつつあります。

◆インバウンド集客とキャッシュレス

　地方の商店街などでは、地域の需要や消費者ニーズの変化といった構造的な課題に直面しており、取り巻く経営環境は厳しさを増しています。このような状況の中で、地域を活性化させ、魅力を創出するためには、近年大きな伸びを示しているインバウンド（訪日観光客）によって新たな需要を取り込み、来訪者を増やして消費を増加させることが重要になってきます。その鍵として注目されているのがキャッシュレスなのです。

　爆発的に普及し始めているキャッシュレス決済ですが、日本は後進国といわれている一方で、海外では日本よりもキャッシュレス化が進んでおり、とりわけ海外旅行者にとってはスタンダードな決済方法となりつつあります。現金しか利用できない店舗へはインバウンドは訪れませんが、キャッシュレスに対応している店舗には外国人が多く訪れています[05]。

　有名な観光資源がない地域では、インバウンド需要の取り込みは困難と思われがちですが、観光庁が毎年行っている旅行者向けアンケートでは、食べ歩きと買い物が上位を占めています。国を挙げた観光立国への取り込みは、今後、観光資源のない地域でも地元のグルメや買い物ができる繁華街や商店街を中心として、観光客を呼ぶことが可能になります。

[05] インバウンド集客にはキャッシュレス対応が不可欠

現金のみの対応

現金のみの対応では
インバウンドは取り込めない

キャッシュレス対応

キャッシュレス対応であれば
集客数もアップ！

◆キャッシュレス決済で拡がる購買情報と行動分析

　デジタル情報であるキャッシュレスの決済データは、AIやBIツールの進化によって比較的容易に分析することが可能になりました。購買情報からインバウンドが決済後に起こす行動を予測できれば、アップセルやクロスセルを促す販促が可能です。地域や商店街などであれば、共通プラットフォームアプリや共用サイネージなどの設置も可能となるでしょう。これらには災害が起こった際に、対象者の言語で避難誘導できるしくみがあります。こういった機能を販売促進用に利用することで、観光客により消費を促すしくみを構築することができます[06]。

[06] 分析で観光客に販促を促す

40m

決済データを分析し、インバウンドの
行動を予測して販促を促す

アプリや共用サイネージを
販売促進に活用する

SECTION 34

意外と儲からない
キャッシュレスビジネス

キャッシュレスに参入する企業は徐々に増え、
各社は顧客獲得に向けてしのぎを削っています。
そのような中で利益を上げるためには、既存のビジネスに加えて、
新たな付加価値を創出することが重要になってきます。

◆利益の主軸は決済手数料？

　分割払いや後払いのように、ユーザーが固有のサービスを利用した場合はその限りではありませんが、基本的にキャッシュレス決済は消費者からの収益はありません。それでは一体どこから利益を得ているのでしょうか？

　それは、加盟店である店舗や事業者からの決済手数料です。キャッシュレス比率が20％といわれていても、高額決済などで利用されるキャッシュレスの流通総額は莫大な金額です。日本のクレジットカード統計や金融庁のデータを参考にすると、国内のキャッシュレス決済市場は約80兆円と推定されています（2019年9月時点）。この大きな市場であれば、仮に3％の手数料だとしても、2.4兆円の粗利を確保することが可能です。このような大きな市場であるがゆえにキャッシュレスが乱立してきたのだろうと思われています。しかし、スマホ決済の参入により状況が変わってきました。

◆QR決済の手数料事情

　キャッシュレスの業界では、一般消費者の利用料は無料で、導入店舗から約2〜7％の手数料を徴収していました。しかし、100億円キャンペーンで有名になったヤフーとソフトバンクが協業している「PayPay」では、2021年9月30日までは時限的に手数料を無料とするキャンペーンを行っています。また、LINE社が提供している「LINE Pay」も、2021年7月31日までは決済手数料を無料にしています（いずれも決済方法による条件があります）。

　PayPayやLINE Payのように、手数料無料とまではいかなくとも、スマホ決済のほとんどが手数料を抑えて参入してきています。これは日本固有の事情というわけではありません。キャッシュレス大国である中国でも、手数料は非常に低額です。そのような中で、日本のペイメントブランド各社は消費者還元キャンペーンを実施していますが、発表された各社の決算情報は軒並み赤字となっており、これまで考えられてきた決済手数料のビジネスでは儲からない市場環境になりつつあります。つまり、決済手数料以外のビジネスモデルを考えなければならない状況になっているのです。

　ただし、中国の決済会社であるアリババ・グループ・ホールディングスとテンセント・ホールディングスは、いずれも世界トップ10に入る時価総額を誇るほどにまで成長しています。そのしくみとして、スマホ決済に必要なアプリを活用しています。決済とアプリを組み合わせることで、新しい価値を創造し、莫大な利益を上げているのです[07]。

[07] 新たなビジネスモデルを組み合わせて利益を創出

手数料が安い

赤字　赤字

各社の決算情報は赤字状態

決済にプラスαすることで新たな価値を創造する

SECTION 35

海外の事例でみる
キャッシュレスのマネタイズ

決算情報を見ると、日本のスマホ決済会社は大きな赤字を出しています。
一方で、中国の決済会社の手数料は非常に低額にもかかわらず、
時価総額が数十兆円を超える巨大企業へと成長しています。
では、一体どのようにしてマネタイズしているのでしょうか?

◆中国のAlipayにみるマネタイズ

　中国のAlipayは、基本的には手数料を取っていません。厳密にいえば、現金化するために銀行口座に振り込む場合に限って、2万元を超えた金額に対してのみ0.1%の手数料を徴収しています。ただし、個人経営レベルでは現金化せずほかの支払いにAlipayを利用するため、基本的には手数料は発生していません。

　Alipayのマネタイズのしくみは手数料ではなく、アプリに紐付く付帯サービスにあります。その中でも最大の収益源となっているのが「消費者金融機能」です。消費者金融機能といっても、ユーザーが直接お金を借りるのではなく、クレジットカードの分割払いのように、多くのAlipayユーザーは分割支払いで利用しています。この利子収入が大きな収益源となっているのです。

　次に収益源となっているのが「広告収入」です。Alipayのアクティブユーザーは11億人にも上り、日常的に利用されていることからも、広告として相当額の収入を得ていることは間違いないでしょう。

　そのほかに、Alipayのマネタイズで外すことができないのは、信用スコア「芝麻信用」です。Alipayを提供しているアリババグループには、アント・フィナンシャルという金融会社があり、Alipayの利用履歴を中心として、アリババグループおよび提携する企業の利用履歴を元に、与信スコアである「信用スコア」を算出しています。この信用スコアは非常に精度が高く、金融系企業のみに限らず、さまざまな企業で活用されています。Alipayはこれらを収益として成り立っているといっても過言ではありません。

◆キャッシュレス決済で得られる購買データ

　Alipayのさまざまなサービスに関する利用履歴は、ビッグデータとして活用されています。前述した芝麻信用の信用スコアもまさにビッグデータを活用したサービスですが、アリババグループはこのビッグデータを得られる企業と提携し、取得したデータをサービスの改善に活用して、よりよい顧客体験に反映させる巨大なエコシステムを作り上げています。

　具体的には、タクシーは「ディディチューシン（滴滴出行）」、シェアリング自転車は「ハローバイク（Hellobike）」、旅行は「フリギー（Fliggy）」、スーパーマーケットは「フーマー（盒馬鮮生）」、動画視聴は「Youku」といったように、各業界の有力プレイヤーと手を組んでいます[08]。たとえば、平日に自宅から会社までハローバイクを利用している場合、シェアリング自転車で取得した移動データを活用できれば、帰宅時に最寄りのスーパーマーケットの特売情報を配信してくれたり、レストランをレコメンドしてくれたりします。

[08] 購買データを活用してマーケティングに活かす

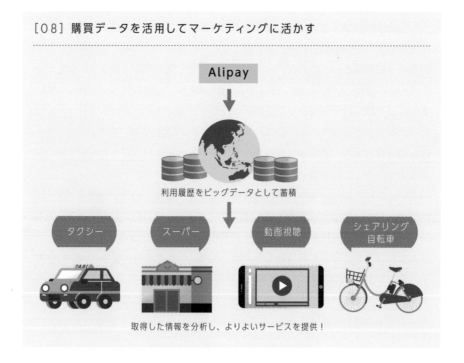

Alipay

利用履歴をビッグデータとして蓄積

タクシー　スーパー　動画視聴　シェアリング自転車

取得した情報を分析し、よりよいサービスを提供！

日本でも検討される決済情報の活用

中国に鑑みれば、スマホ決済はプラスαでほかのサービスと結び付くことで、
十分な収益化が見込めるようになることがわかります。
日本の決済事業者はどういったビジョンを描いているのでしょうか?

◆さまざまな思惑を抱える決済事業者

　SEC.35で解説した信用スコアは、金融やマーケティングなどさまざまな分野で活用されています。日本でも信用スコアに取り組む企業が増えてきており、その中には当然決済事業者も入っています。

　メルペイを有するメルカリは、「信用スコア」事業を推進していくことを明言しており、その第一歩として、「あと払い」機能を設けています。購入した代金を翌月にまとめて支払えるサービスで、5万円を上限額としていますが、後払いを実施するためにはクレジットカードと同様に確かな信用調査が欠かせません。そのためメルカリでは、アプリ内における相互評価のデータ、出品データや購買データ、メルペイの決済データ、提携会社各社の利用データを用い、その信用度によって上限額を設定しています。つまり、信用度が低ければ設定できる額は低くなり、反対に信用度が高ければ、設定額を高くできます[09]。

[09] メルペイのあと払い機能

相互評価のデータ　　出品・購買データ　　決済データ　　提携会社の利用データ　→　信用スコア

◆決済事業者が取り組む投資事業

　キャッシュレス決済には、信用スコア以外にも連携する事業がさまざま考えられますが、そのうちの1つに「投資事業」があります。

　たとえばLINEでは、LINE上で国内の主要な企業の株式を売買できる「LINE証券」や、生活シーンに合わせて必要な保険に加入できる「LINEほけん」など、スマホアプリを通じた金融サービスをすでに展開しています。2020年には銀行のサービスを展開した「LINE Bank」を提供する方針で、既存の銀行に大きな衝撃を与えました。

　また、楽天もすでに巨大なECプラットフォームを保有しています。顧客の決済情報をうまく吸収することができれば、決済プラットフォーマーとして十分な購買データを獲得できるポテンシャルがあると考えられるでしょう。

　それぞれに有力な条件が揃っており、群雄割拠の様相を呈している今の日本の状況では、ゲートウェイ機能を有する企業や有力企業各社との相互協力といった取り組みも起こり得るかもしれません[10]。

[10] 各社がさまざまな事業に参入

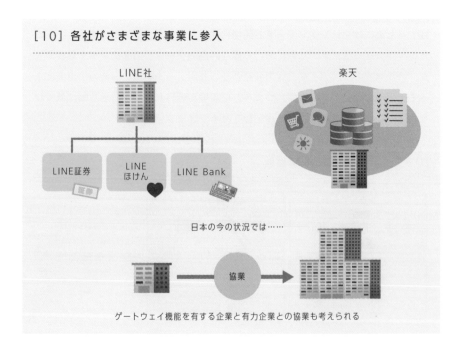

LINE社

楽天

LINE証券　LINEほけん　LINE Bank

日本の今の状況では……

協業

ゲートウェイ機能を有する企業と有力企業との協業も考えられる

SECTION 37

キャッシュレス社会の
あり方

ここまでキャッシュレス決済について説明してきましたが、
キャッシュレスが進んだ世界では、
決済の持つ意味をきちんと理解することが重要であると考えます。
では、決済とはどういった意味や役割を持つのでしょうか?

◆決済は仕方なくやっているプロセス

　Twitterの共同創業者であり、カード決済のSquare（スクエア）の創業者であるジャック・ドーシー氏は、「決済というプロセスは、商品を提供する側と消費者が仕方なく行っている行為である。もしも、これを省くことができれば、購買活動は商品提供者と消費者の本来のコミュニケーションに立ち戻ることができる」と提唱しています。

　実際に中国やスウェーデンでは、キャッシュレス化によって会計が瞬時に終わってしまうことをきっかけに、決済に対する意識が徐々に薄れてきています。決済への意識がなくなると、喫茶店では「コーヒーは480円です。」という画一的なやり取りをする必要がなくなり、「いらっしゃいませ。今日は何を飲みますか? 今日はこれがおすすめですよ」という本来の消費者と供給者が行うコミュニケーションに立ち帰れるのです[11]。

[11] 本来の消費者と供給者のコミュニケーション

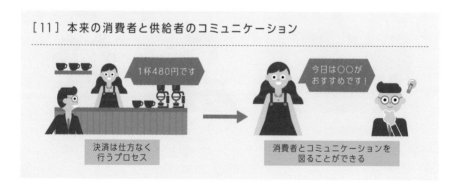

1杯480円です

今日は○○が
おすすめです!

決済は仕方なく
行うプロセス

消費者とコミュニケーションを
図ることができる

◆無人レジからみる成功の法則

　キャッシュレス決済がもたらす先進的な取り組みとして、Amazon Goやコンビニ各社の無人レジ店舗について触れましたが、これらは世界中で話題になっており、各国に広がりつつあります。一方中国では、多くの無人店舗が誕生したものの、その多くが潰れていきました。生き残った店舗に共通しているのは、「レジは無人」ではありますが、「店舗にはスタッフが在籍している」という点です。生き残った店舗のスタッフは、これまで費やしていたレジ業務の時間を、新鮮な惣菜を作ったり、利用者を案内したり、ほしい商品をいっしょに探したりと、よりユーザーとコミュニケーションを図るために使うようになりました。決済という「仕方なく行っている行為」を省くことで、サービスの供給と消費はよりよい顧客体験を提供する場へと変化しています[12]。

　生産各社の良質な商品はかんたんに真似され、現在の市場は差別化が難しい類似商品で溢れています。そのような世界においては、よい顧客体験を付加価値とする考え方が、キャッシュレス時代に生き残る法則といえるのかもしれません。

[12] 無人レジでサービスの充実を図る

レジは無人だが……

これまでのレジ業務時間を
ユーザーとのコミュニケーションに
充てることができる！

◆よりよい顧客体験を生み出すための購買データ

　では、顧客のニーズを掴むにはどうすればよいのでしょうか？

　これまで顧客の購買データは、各社が個別に保有している状態でした。企業は単一的な視点で顧客ニーズを分析し、商品に反映させてきました。ところがキャッシュレス決済の参入によって、<u>企業の垣根を超えて全方位的に購買データを収集できるようになり、これまでとは異次元の顧客体験を提供すること</u>が可能となりました。中国では、キャッシュレス決済会社がプラットフォーマーとして顧客の購買データを把握し、その情報を活用することで、他社よりも優れた顧客体験の提供を実現した企業が生き残り、その陣営でない企業は淘汰されているのが現状です。

　日本でキャッシュレスブランドが乱立している背景にはこのような意図がありますが、キャッシュレス社会は顧客ニーズを吸い上げて、よりよい顧客体験を提供する企業が生き残る社会を生み出すことでしょう[13]。

[13] よいサービスの提供が生き残りのカギ

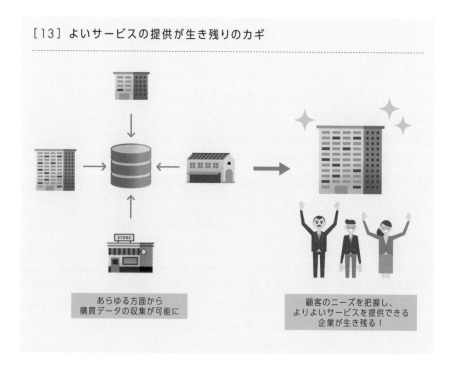

あらゆる方面から
購買データの収集が可能に

顧客のニーズを把握し、
よりよいサービスを提供できる
企業が生き残る！

用語解説

【Apple Pay】iPhoneで非接触型決済、およびオンライン決済を行うためのサービス。ユーザーがWalletアプリにクレジットカードやSuicaなどのカードを登録した状態で、iPhoneに搭載されたFeliCaチップを利用した電子マネー決済やオンライン決済が行える。日本で利用できる電子マネーは本書刊行時点ではSuica、iD、QUICPayの3種。Walletアプリに登録したクレジットカードに応じてiDとQUICPayのどちらかが選択される。

【FeliCa】日本でICカード、およびスマートフォンなどによる非接触型決済において最も普及している技術。Suicaなどの交通系ICカードや楽天Edy、nanaco、WAONなどの流通系ICカード、iD、QUICPayなどのポストペイ型電子マネー、iPhone 7以降、おサイフケータイ機能を備えたAndroid端末に搭載されている。利用する際は店舗側が各電子マネーサービスと加盟店契約を結ぶ必要がある。無線通信技術自体はNFCに準拠した「NFC-F」を利用しており、FeliCaはさらにセキュリティ機能などを包括した規格になっている。

【NFC】「Near Field Communication」の略称で、ICカードやスマートフォンなどで用いる非接触型通信技術の世界共通規格。日本で普及しているFeliCaに用いられているのは「NFC-F」、世界各国の非接触型決済に利用されているのは「NFC-A」または「NFC-B」という規格になる。国際ブランドが発行するクレジットカードやデビットカードで、「EMV Contactless」と呼ばれる非接触型決済に対応したカードもNFC-A/Bを用いている。NFC対応端末自体はNFC-A/B/Fの各通信規格に対応しているが、EMV ContactlessやFeliCaでの決済に対応するにはセキュリティ部分が扱える必要がある。

【QRコード決済】QRコードをスマートフォンで利用する決済形式。ユーザーはQRコード決済アプリを起動し、店舗に掲出されたQRコードをユーザーが読み取る方式（MPM型）、またはスマートフォン側で生成したQRコードを店舗に読み取ってもらう方式（CPM型）のどちらかで決済を行う。支払い形式はチャージによる「プリペ

イド形式」、クレジットカードを登録する「ポストペイ形式」など、サービスによって異なる。

【インバウンド】さまざまな場面で使われる言葉だが、近年は「Inbound Tourists」の略称として、一般に海外から日本に訪問する観光客を指す言葉として用いられることが多い。現金決済のみの店舗の場合、観光客にとって支払いのハードルが高くビジネスチャンスを逃してしまうことがある。東京2020大会を見据えて国際ブランドのクレジットカードやQRコード決済などのキャッシュレス決済を導入することにより、観光客にとって支払いが容易になり、より活発に消費してもらえるという狙いがある。

【おサイフケータイ】FeliCaチップを搭載したスマートフォンやフィーチャーフォンにて決済を行うサービス。日本独自のサービスで、Apple社製品以外のFeliCaチップを搭載した端末で利用されている。Apple Payよりも対応している電子マネーサービスが多く、乗車券・航空券や会員証、チケットとして利用できるサービスもある。

【オーソリ】「オーソリゼーション」の略称。加盟店が顧客からクレジットカードを提示された際、そのクレジットカードで決済を行ってよいかを確認するために行う信用照会のこと。有効なカードか、限度額を超えていないかをカード発行会社に確認し、承認された場合に決済が行われる。

【キャッシュレス・消費者還元事業】2019年10月の消費税増税にともない、需要の落ち込みを防ぐためにキャッシュレス決済を使用した購入に購入額の2%または5%のポイントを消費者に還元する事業。2019年10月～2020年6月の9ヶ月間で実施される。この制度を利用する際には、加盟店およびキャッシュレス決済事業者の双方の登録が必要になる。店舗へのキャッシュレス決済の導入補助も同時に行われており、補助金により決済端末が無料、実施期間内は決済手数料が低く抑えられるなどのメリットがある。

【キャッシュレス決済比率】一般に「キャッシュレス支払手段による年間支払金額」を「国の民間最終消費支出」で割った数字。民間の決済金額のうちキャッシュレス決済の金額がどれくらいを占めているかを示している。日本のキャッシュレス決済比率は

2017年で21.3%となっており、キャッシュレス決済が普及した諸外国と比較すると低い数字と見られている。経済産業省は2025年までにこの数字を40%まで引き上げることを目標にしている。

【クレジットカード】店舗やECサイトなどで決済する際に、代金を後払いで支払えるカード。その場で現金がなくても使用でき、日本のキャッシュレス決済において最も普及している決済手段。スマートフォン決済の際にも、チャージなどにクレジットカードが利用されることは多い。クレジットカード決済においては、VISA、Mastercard、American Express、JCB、銀聯などの各国際ブランドが持つ決済ネットワークが利用されるため、加盟店契約を結んでいない国際ブランドのクレジットカードは利用できない。

【決済ゲートウェイ】クレジットカードや電子マネー、QRコード決済などのキャッシュレス決済を店舗で使用できるようにする際は、各決済サービスと加盟店契約を結ぶ必要がある。ユーザーが利用するサービスは多岐にわたり、これらのサービスすべてと加盟店契約を結ぶのは煩雑になることから、各決済サービスとの契約を一括して代行するサービスが生まれている。これを「決済ゲートウェイサービス」と呼ぶ。決済ゲートウェイサービスには、クレジットカードとQRコード決済を一括で導入できるものや電子マネーを一括で導入できるものなど、さまざまな種類のものが存在する。

【決済手数料】加盟店が決済ごとに決済サービスに対して支払う手数料。たとえばクレジットカードを利用した決済の場合、現金決済と比べて決済金額の平均5%程度の決済手数料がかかる。この際、手数料を顧客に請求することはカード発行会社の規約違反となるため、現金決済とクレジットカード決済で提供価格を変えるといったことはできない。現在の日本において、この決済手数料がキャッシュレス決済導入の障害となっているケースが多い。また、一般的にQRコード決済は決済手数料が低めに設定されている。

【交通系ICカード】Kitaca（JR北海道）、Suica（JR東日本）、TOICA（JR東海）、ICOCA（JR西日本）、SUGOCA（JR九州）、PASMO（関東地方・山梨県・静岡県）、manaca（名古屋市）、PiTaPa（近畿圏）、はやかけん（福岡市）、nimoca（西鉄）など、交通機関において利用されるICカード乗車券の総称で、電子マネーの機能

も持つ。チャージ式のプリペイド形式カードが多いが、PiTaPaのみポストペイ形式を採用しており、作成時に口座の登録を行う。

【個人間送金】現在の日本において、たとえば複数人で食事をした際に割り勘などで支払う場合、代表者がクレジットカードなどで決済を行っても、個人間では現金のやり取りが発生してしまう。現金を手元に準備しておく必要があり、キャッシュレス社会全体の利便性も半減してしまうことから、海外では電子的な個人間送金サービスが発達している国が多い。たとえばスウェーデンで普及している「Swish」は、複数の大手銀行が共同で開発したスマートフォン用のアプリケーションで、相手の電話番号を指定するだけで、自分の銀行口座から相手の銀行口座への送金が行える。

【サインレス決済】クレジットカードを利用する際に、通常必要とされる署名や暗証番号入力を省いた決済形式。コンビニやスーパーなど、会計時間の短縮が求められる形態の店舗で採用されることが多い。不正利用されやすい形式のため、一般に店舗がカード会社とサインレス決済が可能な契約を結んでおく必要があり、決済の上限金額も決まっている。

【スキミング】クレジットカードを複製する犯罪の手法。従来のクレジットカードはカードに貼り付けられた磁気ストライプテープによって情報が記録されていたため、スキマーと呼ばれる不正な情報読み取り装置を利用して、記録情報を盗んでカードを複製しやすい状況にあった。近年のクレジットカードにICチップが備えられるようになったのは、このスキミング対策のためである。

【デビットカード】店舗やECサイトで決済する際に、代金が銀行口座から即時に引き落とされて支払えるカード。使用限度額が口座の残高以上の額にならないことから使いすぎのリスクを防ぎ、一般に審査や年会費なども不要なため、EU圏ではクレジットカードよりもよく使用されている。日本では、クレジットカードと同様の国際ブランドと提携した「ブランドデビット」、銀行発行のキャッシュカードをそのまま利用できる「J-Debit」が存在する。

【電子マネー】現金の代替として決済に利用できる、特定の企業が発行する電子的な支

払い手段の総称。日本ではFeliCa技術を用い、非接触型決済が行えるものが多い。流通系ICカードや交通系ICカードなどのチャージが必要なプリペイド形式が一般的だが、iDやQUICPayなどのクレジットカードと連動したポストペイ形式で利用できるものもある。

【プリペイド型決済サービス】事前にチャージして使用する形式の決済サービス。チャージは一般的にクレジットカードによる支払い、銀行口座からの振り込み、提携店舗の端末を利用した現金チャージなどで行われる。事前にチャージした金額以上の金額は利用できないため、紛失時などにも被害が限定的になる。また、審査などが不要なサービスが多い。

【ポストペイ型決済サービス】購入後に支払いが発生する形式の決済サービス。基本はクレジットカードで、入会時に支払い能力に問題がないかどうかの審査が行われる。iDやQUICPayはクレジットカード会社と連携することでポストペイ形式の非接触型決済を実現している。

【無人決済店舗】決済時に人の手が不要な店舗のこと。自動販売機やセルフレジなども無人決済と呼べるが、現在話題に上ることが多いのは、Amazon Goに代表される購入商品の自動識別とキャッシュレス決済を組み合わせた形のもの。入店時に認証を行い、ユーザーが商品を手に取ると自動的に仮想の買い物カゴに入る。退店時に自動的に決済が行われるため、セルフレジのようにユーザー自身で各商品のバーコードを読み込む必要がなく、万引きも防げる。人件費のコスト削減に加え、顧客の購入体験が向上する点で注目されている。

【リアルタイムペイ型決済サービス】購入時に即時に決済額が口座から引き落とされるサービス。決済時に口座の残高が照会され、残高以上の金額の決済は行えない。デビットカードのほか、ゆうちょPayやBank Pay（2020年春開始予定）などの金融機関の口座に直結した決済サービスで利用できる。

索引

著者紹介

山口耕平（やまぐち こうへい）
日本美食株式会社　Marketing Director

新卒で入社した大手音楽配信サービス会社で全国2位の営業実績を上げたのち起業。
2003年に数種類のECサイトの運営を行う。2008年にインターネット広告代理店に参画
し、ナショナルクライアント担当のコンサルタントとして活躍。多くの登壇経験を持つ。
2019年2月より日本美食へ入社し、マーケティング業務に従事。著書に『オウンドメデ
ィアのやさしい教科書。』や『最新SEO完全対策・成功の至難書』がある。

澤井亮佑（さわい りょうすけ）
日本美食株式会社　Senior Director

大学卒業後に起業し、2016年に日本美食へ創業メンバーとして参画。日本におけるQR
コード決済の黎明期より決済事業に携わり、日本の市場に合わせたサービス設計、拡大
に従事。キャッシュレス×インバウンドにおける領域で、全国で多数のセミナー講師も
務める。

日本美食株式会社
日本のQRコード決済黎明期から現在のキャッシュレス業者の乱立を予見し、2016年7月
から世界中の決済ブランドをひとつにまとめるQRコードの決済ゲートウェイサービス
『TakeMe Pay』を提供。また、決済サービスのほか、アジア圏・欧米圏の大手旅行サイ
トおよび旅行代理店と提携し、訪日旅行検討者へ日本のさまざまなお店の事前予約サー
ビスを実施。国際的なFinTechカンファレンスや旅行カンファレンスで多くの登壇経験
を持つ。

装丁・本文デザイン　浜名信次、井坂真弓(Beach)
図版制作協力　　　高木芙美

編集長　　　　後藤憲司
担当編集　　　後藤孝太郎

未来IT図解　これからのキャッシュレス決済ビジネス

2020年1月1日　　初版第1刷発行

著者　　　山口耕平、澤井亮佑／日本美食株式会社
発行人　　山口康夫
発行　　　株式会社エムディエヌコーポレーション
　　　　　〒101-0051　東京都千代田区神田神保町一丁目105番地
　　　　　https://books.MdN.co.jp/
発売　　　株式会社インプレス
　　　　　〒101-0051　東京都千代田区神田神保町一丁目105番地
印刷・製本　中央精版印刷株式会社

Printed in Japan

[カスタマーセンター]
造本には万全を期しておりますが、万一、落丁・乱丁などがございましたら、送料小社負担にてお取り替えいたします。
お手数ですが、カスタマーセンターまでご返送ください。

落丁・乱丁本などのご返送先
〒101-0051　東京都千代田区神田神保町一丁目105番地
株式会社エムディエヌコーポレーション カスタマーセンター
TEL:03-4334-2915

書店・販売店のご注文受付
株式会社インプレス　受注センター
TEL:048-449-8040／FAX:048-449-8041

内容に関するお問い合わせ先
株式会社エムディエヌコーポレーション カスタマーセンター メール窓口

info@MdN.co.jp

本書の内容に関するご質問は、Eメールのみの受付となります。メールの件名は「未来IT図解　これからのキャッシュレス決済ビジネス　質
問係」とお書きください。電話やFAX、郵便でのご質問にはお答えできません。ご質問の内容によりましては、しばらくお時間をいただく
場合がございます。また、本書の範囲を超えるご質問に関しましてはお答えいたしかねますので、あらかじめご了承ください。

ISBN978-4-8443-6932-5 C0033